中华经典研习丛书

了凡四训

精读

钟茂森 著

团结出版社

图书在版编目（CIP）数据

了凡四训精读 / 钟茂森著. -- 北京 : 团结出版社,
2024.3

（中华经典研习丛书）

ISBN 978-7-5234-0284-9

Ⅰ.①了… Ⅱ.①钟… Ⅲ.①《了凡四训》 Ⅳ.
①B823.1

中国国家版本馆CIP数据核字(2023)第133264号

出版：团结出版社

（北京市东城区东皇城根南街84号 邮编：100006）

电话：(010) 65228880　　65244790　（传真）

网址：www.tjpress.com

Email：65244790@163.com

经销：全国新华书店

印刷：北京天宇万达印刷有限公司

开本：145×210　1/32

印张：61.25

字数：1257千字

版次：2024年3月　第1版

印次：2024年3月　第1次印刷

书号：978-7-5234-0284-9

定价：192.00元（全六册）

前　言

　　袁了凡先生，本名袁黄，字坤仪；江苏省吴江人，是明神宗万历十四（公元1586）年进士，曾做过宝坻知县，对星象律、水利、理数、兵备、政治、勘探等都有一定造诣。

　　《了凡四训》是袁了凡先生在六十九岁时所作的戒子家训。

　　因此，这篇家训作为立命、修身、治世的教育经典，是了凡先生一生道德学问的涵养和凝聚，他以自己的亲身经历，现身说法，讲述了如何改造命运，心想事成。

　　了凡先生家居生活非常俭朴，可是却和夫人一起，在家境允许的范围内，力行布施；他个人修身是每天反省改过，诵经持咒，参禅打坐，不管公私事务再忙，早晚定课从不间断；在清心寡欲、无虑无求中祈天立命。就在这种修德养性的过程中，了凡先生为了教育儿子，积淀自己的人生，写下了四篇短文，当时命名为《戒子文》《训子文》。后来有识之士为了启迪世人，遂改为《了凡四训》，这就是后来广行于世的《了凡四训》的由来。

　　了凡先生作此《训子文》，旨在训导儿子，认识命运的真相，明辨善恶的标准，改过迁善的方法，以及行善积德、谦虚谨慎种种的效验。

所以这篇家训一共分为四部分：立命之学、改过之法、积善之方、谦德之效。

由《立命之学》篇，我们知道"一切福田，不离方寸；从心而觅，感无不通"，安身立命，无非看自己存心何处而已，所谓"命由我作，福自己求"，也如《诗经》所云：永言配命，自求多福。

由《改过之法》篇，我们明白改过者，要发三心——耻心、畏心、勇心。而人之过，有从事上、有从理上、有从心上改者，因功夫不同，效验亦异；告诫我们，过由心造，亦由心改，如斩毒树，直断其根，不要枝枝而伐，叶叶而摘，要直断其根，从心上彻法底源地改过。

由《积善之方》篇，我们清楚了善有真假、端曲、阴阳、是非、偏正、半满、大小、难易，所以为善要明理，否则不仅无益，还可能造业；《易经》曰：积善之家，必有余庆。虽然善行无穷，不能尽述，从本篇与人为善、爱敬存心、成人之美、劝人为善、救人危急、兴建大利、舍财作福、护持正法、敬重尊长、爱惜物命这行善的十方中，我们不仅找到了为善的下手处，如果真能够由此十事而推广之，则万德可以具备矣。

由《谦德之效》篇，我们懂得了唯谦受福，恭敬顺承，小心谦畏，受侮不答，闻谤不辩，天地鬼神，犹将佑之，无有不发者，是故谦之一卦，六爻皆吉。《书经》曰：满招损，谦受益。也如《易经》所云：天道亏盈而益谦，地道变盈而流谦，鬼神害盈而福谦，人道恶盈而好谦。了凡先生劝人要气虚意下，聚敛谦光，因为福有福始，祸有祸先，此心果谦，天必相之，所谓"凡天将发斯人也，未发其福，先发其慧；此慧一发，则浮者自实，肆者自敛"。还以道者之口云：造命者天，立命者我；力行善事，广积阴德，何福不可求哉？善事阴功，皆由心造，常存此心，功德无量……篇末再次谆谆教诲谦德之效验：人之有志，如树之有根，立定此志，须念念谦虚，尘尘方便，自然感动天地……况谦则受教有地，而取善无穷，尤修业者所必不可少者也。

这四个部分，其实都在讲修心而已。安身立命、改过修善很重要，而保持这种善根福德更重要，正如祖师大德说过"一分恭敬得一分利益，十分恭敬得十分利益"，"一切恭敬"，才能长久保持善根福德，所以从真实心中存有一份谦德尤为重要。

古来制定家训或家规是中国家庭教育的一大特点。《了凡四训》中立身、处世、为学、修德、立业的经验总结，越来越被后人誉为家教典范。随着传统文化的复兴，目前不仅被家庭接受，更被国内外许多企业乃至社会多个层面列为典范教材，了凡先生一生不是显官，没有做到高位，而日享盛名，可见其影响之深远。

清朝时期的"中兴名臣"曾国藩对《了凡四训》最为推崇，读后改号涤生，"涤者，取涤其旧染之污也；生者，取明袁了凡之言：'从前种种，譬如昨日死；从后种种，譬如今日生也。'"曾国藩还将此书列为子侄必读的第一本人生智慧之书。

近代著名的学者胡适先生则认为，《了凡四训》是研究中国中古思想史的一部重要代表作。

四百年来，这篇家训不仅流传于中国各地，为书香门第奉为

"传家之宝"，也对日本政经界发挥了深远的影响力。

日本著名汉学家、阳明学大师安冈正笃先生，对本书推崇备至，他建议日本天皇及历任首相将此书视为"治国宝典"，应当熟读、细读、精读；凡有志执政者，应详加研究。

安冈正笃先生盛赞此书为"人生能动的伟大学问"，这篇中国家训不仅对当时明治时期的日本青少年，产生了巨大影响，迄今为止仍然深深教化着日本政经界的高层人士。所以，《了凡四训》对一百年来的日本社会，具有深厚的影响力，值得各界有为有识的精英再三研读。

和安冈正笃先生一样，日本著名的企业家，两家世界500强企业的缔造者、"日本经营四圣"之一（另三位分别是松下公司的创始人松下幸之助、索尼公司的创始人盛田昭夫、本田公司的创始人本田宗一郎）的稻盛和夫先生也对本书倍加赞誉。稻盛和夫在他长达42年的经营生涯中一手创造了两家世界500强企业，却在退休时把个人股份全部捐献给了员工，自己皈依佛门，转而去追求至高财富。他认为，人生就是提升心智的过程。

稻盛和夫早年有幸读到《了凡四训》并将其作为人生指导。他后来在其著作中说道：我邂逅了袁了凡所写的《了凡四训》，顿时得到了顿悟的感觉，原来人生是这样的，在《了凡四训》当中写道：每一个人的人生其实事先都已经被上天所注定，大家都有各自的人生，每个人都会按照命运去度过自己的人生。但是人生当中肯定会遭遇到各种各样的经历，在遭遇到每次经历的时候，每个人心中怎么样去想，怎么样描绘自己的愿望。这种想法、信念，会改变一个人的命运，在中国会把它称之为"因果报应"，也就是说如果你心中想的是好的事情，你做的事情是善事的话，肯定会得到好报。相反，一个人如果居心叵测，做一些恶事，肯定会得到恶报。每个人要有关怀他人的慈爱之心，这样的话，你的命运肯定会转变，这本书中也写到人的命运虽然是天生就定的，但是并不是无法改变的宿命，而是可以改变的。所以，我得到了启示，从此以后，我就认为：必须要美化、净化自己的心情。

一位智者说：为人父母者，欲子孙贤孝，不染恶习，宜于子女同诵此书，则一室祥和，传家久远；为人师长者，欲学生品德纯正、学有所成，宜诵读此书，则师道尊严、教育落实；为官者，读诵此书，自能积功累德、为民造福；为商者，熟读此书，则取财有道、累富如法、大吉大利；受刑人熟读此书，则浪子回头，当下转念。斯言诚哉！

近代佛门高僧，印光大师，一生中极力提倡读诵本书，并不断地鼓励大家认真研究、实行、讲说，以培福修慧、净化人心。他的弘化社，印送本书约有百万册以上，足见它的重要性。

在十几个小时的研习报告中，钟博士尤其把善恶果报讲解得透辟入理，不仅详解了凡先生的经验经历，也运用了大量翔实的古今案例，理事圆融地论证"种瓜得瓜"、"善有善报"、"积极进取"、"有愿皆成"的圣贤之道。语言平实而去尽虚华，义理深奥而晓畅通达。

有鉴于对祖师大德、对后世子孙的一片殷重期许，钟茂森博士在讲解完《了凡四训》之后，又特意把印光大师为《了凡四训》

所作的序文，做了四个小时的开解，尽力帮助我们把所学的圣贤良箴，融会到自己的生活中，变成我们言行心念的指南。

《了凡四训》篇幅虽然短小，然而寓理内涵深刻，兼融儒释道三家思想。

所以，钟博士在精讲将要结束时，以《了凡四训》为契机，顺带提醒大家，要重视到儒释道三家经典的根本，要落实《弟子规》、《太上感应篇》、《佛说十善业道经》，三根是善福的根本，再加上《了凡四训》，诸位学人才有了真正改过修善的教材。

为了我们切实学以致用，钟博士非常智慧而机智地效法了凡先生，还为我们诸位学人准备了生活中践行《弟子规》、《太上感应篇》、《十善业道经》的功过格，让我们在伦常日用中得力受持圣贤教诲，这一份慈悲之怀，便是了凡之心，这一份殷重利益大众的真心，又何尝不是圣贤之心？

相信大家读了钟博士的《〈了凡四训〉精读》，可以更深刻体会了凡先生的人生经验，悟到立命安身、修道立德的根本原来在内不在外，当下心目豁然，信心勇气倍增，正如前贤所说：求人不如求己。明白了，当下去做，从《了凡四训》入手，效法了凡先生，转无福为有福，转病夭为长寿，真正受持此书，改造自己的命运，自利利他，以身劝化，成圣成贤。

——编者谨呈

目　录

《了凡四训》原文

第一篇 立命之学

余童年丧父，老母命弃举业学医，谓可以养生，可以济人，且习一艺以成名，尔父夙心也。后余在慈云寺，遇一老者，修髯伟貌，飘飘若仙，余敬礼之。语余曰："子仕路中人也，明年即进学，何不读书？"

余告以故，并叩老者姓氏里居。

曰："吾姓孔，云南人也。得邵子皇极数正传，数该传汝。"

余引之归，告母。

母曰："善待之。"

试其数，纤悉皆验。余遂起读书之念，谋之表兄沈称，言："郁海谷先生，在沈友夫家开馆，我送汝寄学甚便。"

余遂礼郁为师。

孔为余起数：县考童生，当十四名；府考七十一名，提学考第九名。明年赴考，三处名数皆合。复为卜终身休咎，言：某年考第几名，某年当补廪，某年当贡，贡后某年，当选四川一大尹，在任三年半，即宜告归。五十三岁八月十四日丑时，当终于正寝，惜无子。余备录而谨记之。

自此以后，凡遇考校，其名数先后，皆不出孔公所悬定者。独算余食廪米九十一石五斗当出贡；及食米七十余石，屠宗师即批准补贡，余窃疑之。后果为署印杨公所驳，直至丁卯年（公元1567年），殷秋溟宗师见余场中备卷，叹曰："五策，即五篇奏议也，岂可使博洽淹贯之儒，老于窗下乎！"遂依县申文准贡，连前食米计之，实九十一石五斗也。余因此益信进退有命，迟速有时，澹然无求矣。

贡入燕都，留京一年，终日静坐，不阅文字。己巳（公元1569年）归，游南雍，未入监，先访云谷会禅师于栖霞山中，对坐一室，凡三昼夜不瞑目。

云谷问曰："凡人所以不得作圣者，只为妄念相缠耳。汝坐三日，不见起一妄念，何也？"

余曰："吾为孔先生算定，荣辱死生，皆有定数，即要妄想，亦无可妄想。"

云谷笑曰："我待汝是豪杰，原来只是凡夫。"

问其故？

曰："人未能无心，终为阴阳所缚，安得无数？但惟凡人有数；极善之人，数固拘他不定；极恶之人，数亦拘他不定。汝二十年来，被他算定，不曾转动一毫，岂非是凡夫？"

余问曰："然则数可逃乎？"

曰："命由我作，福自己求。诗书所称，的为明训。我教典中说：'求富贵得富贵，求男女得男女，求长寿得长寿。'夫妄语乃释迦大戒，诸佛菩萨，岂诳语欺人？"

余进曰："孟子言'求则得之'，是求在我者也。道德仁义可以力求，功名富贵，如何求得？"

云谷曰："孟子之言不错，汝自错解了。汝不见六祖说：'一切福田，不离方寸；从心而觅，感无不通。'求在我，不独得道德仁义，亦得功名富贵，内外双得，是求有益于得也。若不返躬内省，而徒向外驰求，则求之有道，而得之有命矣，内外双失，故无益。"

因问："孔公算汝终身若何？"

余以实告。

云谷曰："汝自揣应得科第否？应生子否？"

余追省良久，曰："不应也。科第中人，类有福相，余福薄，又不能积功累行，以基厚福；兼不耐烦剧，不能容人；时或以才智盖人，直心直行，轻言妄谈。凡此皆薄福之相也，岂宜科第哉。

"地之秽者多生物，水之清者常无鱼，余好洁，宜无子者一；和气能育万物，余善怒，宜无子者二；爱为生生之本，忍为不育之根，余矜惜名节，常不能舍己救人，宜无子者三；多言耗气，宜无子者四；喜饮铄精，宜无子者五；好彻夜长坐，而不知葆元毓神，宜无子者六。其余过恶尚多，不能悉数。"

云谷曰："岂惟科第哉。世间享千金之产者，定是千金人物；享百金之产者，定是百金人物；应饿死者，定是饿死人物；天不过因材而笃，几曾加纤毫意思。

"即如生子，有百世之德者，定有百世子孙保之；有十世之德者，定有十世子孙保之；有三世二世之德者，定有三世二世子孙保之；其斩焉无后者，德至薄也。

"汝今既知非。将向来不发科第，及不生子之相，尽情改刷；务要积德，务要包荒，务要和爱，务要惜精神。从前种种，譬如昨日死；从后种种，譬如今日生；此义理再生之身也，夫血肉之身，尚然有数；义理之身，岂不能格天。太甲曰'天作孽，犹可违；自作孽，不可活。'诗云：'永言配命，自求多福。'孔先生算汝不登科第，不生子者，此天作之孽，犹可得而违；汝今扩充德性，力行善事，多积阴德，此自己所作之福也，安得而不受享乎？

"易为君子谋，趋吉避凶；若言天命有常，吉何可趋，凶何可避？开章第一义，便说：'积善之家，必有余庆。'汝信得及否？"

余信其言，拜而受教。因将往日之罪，佛前尽情发露，为疏一通，先求登科，誓行善事三千条，以报天地祖宗之德。

云谷出功过格示余，令所行之事，逐日登记，善则记数，恶则退除，且教持准提咒，以期必验。

语余曰："符录家有云：'不会书符，被鬼神笑。'此有秘传，只是不动念也。执笔书符，先把万缘放下，一尘不起。从此念头不动处，下一点，谓之混沌开基。由此而一笔挥成，更无思虑，此符便灵。凡祈天立命，都要从无思无虑处感格。

"孟子论立命之学，而曰：'夭寿不贰。'夫夭寿，至贰者也。当其不动念时，孰为夭，孰为寿？细分之，丰歉不贰，然后可立贫富之命；穷通不贰，然后可立贵贱之命；夭寿不贰，然后可立生死之命。人生世间，惟死生为重，夭寿，则一切顺逆皆该之矣。

"至修身以俟之，乃积德祈天之事。曰修，则身有过恶，皆当治而去之；曰俟，则一毫觊觎，一毫将迎，皆当斩绝之矣。到此地位，直造先天之境，即此便是实学。

"汝未能无心，但能持准提咒，无记无数，不令间断，持得纯熟，于持中不持，于不持中持，到得念头不动，则灵验矣。"

余初号学海，是日改号了凡；盖悟立命之说，而不欲落凡夫窠臼也。从此而后，终日兢兢，便觉与前不同。前日只是悠悠放任，到此自有战兢惕厉景象，在暗室屋漏中，常恐得罪天地鬼神；遇人憎我毁我，自能恬然容受。

到明年（公元1570年）礼部考科举，孔先生算该第三，忽考第一；其言不验，而秋闱中式矣。然行义未纯，检身多误：或见善而行之不勇，或救人而心常自疑，或身勉为善，而口有过言；或醒时操持，而醉后放逸；以过折功，日常虚度。自己巳岁（公元1569年）发愿，直至己卯岁（公元1579年），历十余年，而三千善行始完。

时方从李渐庵入关，未及回向。庚辰（公元1580年）南还。始请性空、慧空诸上人，就东塔禅堂回向。遂起求子愿，亦许行三千善事。辛巳（公元1581年），生汝天启。

余行一事，随以笔记；汝母不能书，每行一事，辄用鹅毛管，印一朱圈于历日之上。或施食贫人，或买放生命，一日有多至十余圈者。至癸未（公元1583年）八月，三千之数已满。复请性空辈，就家庭回向。九月十三日，复起求中进士愿，许行善事一万条，丙戌（公元1586年）登第，授宝坻知县。

余置空格一册，名曰治心编。晨起坐堂，家人携付门役，置案上，所行善恶，纤悉必记。夜则设桌于庭，效赵阅道焚香告帝。

汝母见所行不多，辄颦蹙曰："我前在家，相助为善，故三千之数得完；今许一万，衙中无事可行，何时得圆满乎？"

夜间偶梦见一神人，余言善事难完之故。神曰："只减粮一节，万行俱完矣。"盖宝坻之田，每亩二分三厘七毫。余为区处，减至一分四厘六毫，委有此事，心颇惊疑。适幻余禅师自五台来，余以梦告之，且问此事宜信否？

师曰："善心真切，即一行可当万善，况合县减粮，万民受福乎？"

吾即捐俸银，请其就五台山斋僧一万而回向之。

孔公算予五十三岁有厄，余未尝祈寿，是岁竟无恙，今六十九矣。书曰："天难谌，命靡常"；又云："惟命不于常"，皆非诳语。吾于是而知，凡称祸福自己求之者，乃圣贤之言。若谓祸福惟天所命，则世俗之论矣。

汝之命，未知若何？即命当荣显，常作落寞想；即时当顺利，常作拂逆想；即眼前足食，常作贫窭想；即人相爱敬，常作恐惧想；即家世望重，常作卑下想；即学问颇优，常作浅陋想。

远思扬祖宗之德，近思盖父母之愆；上思报国之恩，下思造家之福；外思济人之急，内思闲己之邪。

务要日日知非，日日改过；一日不知非，即一日安于自是；一日无过可改，即一日无步可进；天下聪明俊秀不少，所以德不加修、业不加广者，只为因循二字，耽搁一生。

云谷禅师所授立命之说，乃至精至邃、至真至正之理，其熟玩而勉行之，毋自旷也。

第二篇 改过之法

春秋诸大夫，见人言动，亿而谈其祸福，靡不验者，《左》《国》诸记可观也。大都吉凶之兆，萌乎心而动乎四体，其过于厚者常获福，过于薄者常近祸，俗眼多翳，谓有未定而不可测者。至诚合天，福之将至，观其善而必先知之矣。祸之将至，观其不善而必先知之矣。今欲获福而远祸，未论行善，先须改过。

但改过者，第一，要发耻心。思古之圣贤，与我同为丈夫，彼何以百世可师？我何以一身瓦裂？耽染尘情，私行不义，谓人不知，傲然无愧，将日沦于禽兽而不自知矣；世之可羞可耻者，莫大乎此。孟子曰：耻之于人大矣。以其得之则圣贤，失之则禽兽耳。此改过之要机也。

第二，要发畏心。天地在上，鬼神难欺，吾虽过在隐微，而天地鬼神，实鉴临之，重则降之百殃，轻则损其现福，吾何可以不惧。不惟是也。闲居之地，指视昭然，吾虽掩之甚密，文之甚巧，而肺肝早露，终难自欺，被人觑破，不值一文矣，乌得不懔懔？不惟是也。一息尚存，弥天之恶，犹可悔改；古人有一生作恶，临死悔悟，发一善念，遂得善终者，谓一念猛厉，足以涤百年之恶也。譬如千年幽谷，一灯才照，则千年之暗俱除。故过不论久近，惟以改为贵。但尘世无常，肉身易殒，一息不属，欲改无由矣。明则千百年担负恶名，虽孝子慈孙，不能洗涤；幽则千百劫沉沦狱报，虽圣贤佛菩萨，不能援引。乌得不畏？

第三，须发勇心。人不改过，多是因循退缩，吾须奋然振作，不用迟疑，不烦等待。小者如芒刺在肉，速与抉剔；大者如毒蛇啮指，速与斩除，无丝毫凝滞，此风雷之所以为益也。

具是三心，则有过斯改，如春冰遇日，何患不消乎？然人之过，有从事上改者，有从理上改者，有从心上改者；工夫不同，效验亦异。

如前日杀生，今戒不杀；前日怒詈，今戒不怒；此就其事而改之者也。强制于外，其难百倍，且病根终在，东灭西生，非究竟廓然之道也。

善改过者，未禁其事，先明其理；如过在杀生，即思曰：上帝好生，物皆恋命，杀彼养己，岂能自安？且彼之杀也，既受屠割，复入鼎镬，种种痛苦，彻入骨髓；己之养也，珍膏罗列，食过即空，疏食菜羹，尽可充腹，何必戕彼之生，损己之福哉？又思血气之属，皆含灵知，既有灵知，皆我一体；纵不能躬修至德，使之尊我亲我，岂可日戕物命，使之仇我憾我于无穷也？一思及此，将有对食伤心，不能下咽者矣。

如前日好怒，必思曰：人有不及，情所宜矜；悖理相干，于我何与？本无可怒者。又思天下无自是之豪杰，亦无尤人之学问；行有不得，皆己之德未修，感未至也。吾悉以自反，则谤毁之来，皆磨炼玉成之地，我将欢然受赐，何怒之有？

又闻谤而不怒，虽谗焰薰天，如举火焚空，终将自息；闻谤而怒，虽巧心力辩，如春蚕作茧，自取缠绵；怒不惟无益，且有害也。其余种种过恶，皆当据理思之。

此理既明，过将自止。

何谓从心而改？过有千端，惟心所造。吾心不动，过安从生？学者于好色、好名、好货、好怒，种种诸过，不必逐类寻求。但当一心为善，正念现前，邪念自然污染不上。如太阳当空，魍魉潜消，此精一之真传也。过由心造，亦由心改，如斩毒树，直断其根，奚必枝枝而伐，叶叶而摘哉？

大抵最上治心，当下清净；才动即觉，觉之即无；苟未能然，须明理以遣之；又未能然，须随事以禁之；以上事而兼行下功，未为失策。执下而昧上，则拙矣。

顾发愿改过，明须良朋提醒，幽须鬼神证明；一心忏悔，昼夜不懈，经一七、二七，以至一月、二月、三月，必有效验。

或觉心神恬旷，或觉智慧顿开，或处冗沓而触念皆通，或遇怨仇而回嗔作喜，或梦吐黑物，或梦往圣先贤提携接引，或梦飞步太虚，或梦幢幡宝盖，种种胜事，皆过消罪灭之象也。然不得执此自高，画而不进。

昔蘧伯玉当二十岁时，已觉前日之非而尽改之矣。至二十一岁,乃知前之所改未尽也;及二十二岁,回视二十一岁,犹在梦中,岁复一岁,递递改之,行年五十,而犹知四十九年之非,古人改过之学如此。

吾辈身为凡流,过恶猬集,而回思往事,常若不见其有过者,心粗而眼翳也。然人之过恶深重者,亦有效验:或心神昏塞,转头即忘;或无事而常烦恼;或见君子而赧然消沮;或闻正论而不乐;或施惠而人反怨;或夜梦颠倒,甚则妄言失志,皆作孽之相也,苟一类此,即须奋发,舍旧图新,幸勿自误。

第三篇 积善之方

易曰:"积善之家,必有余庆。"昔颜氏将以女妻叔梁纥,而历叙其祖宗积德之长,逆知其子孙必有兴者。孔子称舜之大孝,曰:"宗庙飨之,子孙保之。"皆至论也,试以往事征之。

杨少师荣,建宁人。世以济渡为生,久雨溪涨,横流冲毁民居,溺死者顺流而下,他舟皆捞取货物,独少师曾祖及祖惟救人,而货物一无所取,乡人嗤其愚。逮少师父生,家渐裕,有神人化为道者,语之曰:"汝祖父有阴功,子孙当贵显,宜葬某地。"遂依其所指而窆之,即今白兔坟也。后生少师,弱冠登第,位至三公,加曾祖、祖、父,如其官。子孙贵盛,至今尚多贤者。

鄞人杨自惩,初为县吏,存心仁厚,守法公平。时县宰严肃,偶挞一囚，血流满前，而怒犹未息，杨跪而宽解之。宰曰："怎奈此人越法悖理，不由人不怒。"

自惩叩首曰："上失其道，民散久矣，如得其情，哀矜勿喜；喜且不可，而况怒乎？"宰为之霁颜。

家甚贫，馈遗一无所取，遇囚人乏粮，常多方以济之。一日，有新囚数人待哺，家又缺米，给囚则家人无食，自顾则囚人堪悯，与其妇商之。

妇曰："囚从何来？"

曰："自杭而来。沿路忍饥，菜色可掬。"

因撤己之米，煮粥以食囚。后生二子，长曰守陈，次曰守址，为南北吏部侍郎，长孙为刑部侍郎，次孙为四川廉宪，又俱为名臣；今楚亭德政，亦其裔也。

昔正统间，邓茂七倡乱于福建，士民从贼者甚众，朝廷起鄞县张都宪楷南征，以计擒贼，后委布政司谢都事，搜杀东路贼党。谢求贼中党附册籍，凡不附贼者，密授以白布小旗，约兵至日，插旗门首，戒军兵无妄杀，全活万人。后谢之子迁，中状元，为宰辅；孙丕，复中探花。

莆田林氏，先世有老母好善，常作粉团施人，求取即与之，无倦色。一仙化为道人，每旦索食六七团，母日日与之，终三年如一日，乃知其诚也。因谓之曰："吾食汝三年粉团，何以报汝？府后有一地，葬之，子孙官爵，有一升麻子之数。"其子依所点葬之，初世即有九人登第，累代簪缨甚盛，福建有无林不开榜之谣。

冯琢庵太史之父，为邑庠生。隆冬早起赴学，路遇一人，倒卧雪中，扪之，半僵矣。遂解己绵裘衣之，且扶归救苏。梦神告之曰："汝救人一命，出至诚心，吾遣韩琦为汝子。"及生琢庵，遂名琦。

台州应尚书，壮年习业于山中。夜鬼啸集，往往惊人，公不惧也。一夕闻鬼云："某妇以夫久客不归，翁姑逼其嫁人。明夜当缢死于此，吾得代矣。"公潜卖田，得银四两，即伪作其夫之书，寄银还家。其父母见书，以手迹不类，疑之。

既而曰："书可假，银不可假，想儿无恙。"妇遂不嫁。其子后归，夫妇相保如初。

公又闻鬼语曰："我当得代，奈此秀才坏吾事。"

傍一鬼曰："尔何不祸之？"

曰："上帝以此人心好，命作阴德尚书矣，吾何得而祸之？"

应公因此益自努励，善日加修，德日加厚；遇岁饥，辄捐谷以赈之；遇亲戚有急，辄委曲维持；遇有横逆，辄反躬自责，怡然顺受；子孙登科第者，今累累也。

常熟徐凤竹栻，其父素富，偶遇年荒，先捐租以为同邑之倡，又分谷以赈贫乏。夜闻鬼唱于门曰："千不诳，万不诳，徐家秀才，做到了举人郎。"相续而呼，连夜不断。是岁，凤竹果举于乡，其父因而益积德，孳孳不息，修桥修路，斋僧接众，凡有利益，无不尽心。后又闻鬼唱于门曰："千不诳，万不诳，徐家举人，直做到都堂。"凤竹官终两浙巡抚。

嘉兴屠康僖公，初为刑部主事，宿狱中，细询诸囚情状，得无辜者若干人，公不自以为功，密疏其事，以白堂官。后朝审，堂官摘其语，以讯诸囚，无不服者，释冤抑十余人。一时辇下咸颂尚书之明。

公复禀曰："辇毂之下，尚多冤民，四海之广，兆民之众，岂无枉者？宜五年差一减刑官，核实而平反之。"

尚书为奏，允其议。时公亦差减刑之列，梦一神告之曰："汝命无子，今减刑之议，深合天心，上帝赐汝三子，皆衣紫腰金。"是夕夫人有娠，后生应埙、应坤、应埈，皆显官。

嘉兴包凭，字信之，其父为池阳太守，生七子，凭最少，赘平湖袁氏，与吾父往来甚厚，博学高才，累举不第，留心二氏之学。一日东游泖湖，偶至一村寺中，见观音像，淋漓露立，即解囊中的十金，授主僧，令修屋宇，僧告以功大银少，不能竣事；复取松布四疋，检箧中衣七件与之，内纻褶，系新置，其仆请已之。

凭曰："但得圣像无恙，吾虽裸裎何伤？"

僧垂泪曰："舍银及衣布，犹非难事。只此一点心，如何易得。"

后功完，拉老父同游，宿寺中。公梦伽蓝来谢曰："汝子当享世禄矣。"后子汴，孙柽芳，皆登第，作显官。

嘉善支立之父，为刑房吏，有囚无辜陷重辟，意哀之，欲求其生。囚语其妻曰："支公嘉意，愧无以报，明日延之下乡，汝以身事之，彼或肯用意，则我可生也。"其妻泣而听命。及至，妻自出劝酒，具告以夫意。支不听，卒为尽力平反之。囚出狱，夫妻登门叩谢曰："公如此厚德，晚世所稀，今无子，吾有弱女，送为箕帚妾，此则礼之可通者。"支为备礼而纳之，生立，弱冠中魁，官至翰林孔目。立生高，高生禄，皆贡，为学博。禄生大纶，登第。

凡此十条，所行不同，同归于善而已。若复精而言之，则善有真，有假；有端，有曲；有阴，有阳；有是，有非；有偏，有正；有半，有满；有大，有小；有难，有易；皆当深辨。为善而不穷理，则自谓行持，岂知造孽，枉费苦心，无益也。

何谓真假？昔有儒生数辈，谒中峰和尚，问曰："佛氏论善恶报应，如影随形。今某人善，而子孙不兴；某人恶，而家门隆盛；佛说无稽矣。"

中峰云："凡情未涤，正眼未开，认善为恶，指恶为善，往往有之。不憾己之是非颠倒，而反怨天之报应有差乎？"

众曰："善恶何致相反？"

中峰令试言其状。

一人谓："詈人殴人是恶，敬人礼人是善。"

中峰云："未必然也。"

一人谓："贪财妄取是恶，廉洁有守是善。"

中峰云："未必然也。"

众人历言其状，中峰皆谓不然。因请问。

中峰告之曰："有益于人，是善；有益于己，是恶。有益于人，则殴人詈人皆善也；有益于己，则敬人礼人皆恶也。是故人之行善，利人者公，公则为真；利己者私，私则为假。又根心者真，袭迹者假；又无为而为者真，有为而为者假；皆当自考。"

何谓端曲？今人见谨愿之士，类称为善而取之，圣人则宁取狂狷。至于谨愿之士，虽一乡皆好，而必以为德之贼，是世人之善恶，分明与圣人相反。推此一端，种种取舍，无有不谬；天地鬼神之福善祸淫，皆与圣人同是非，而不与世俗同取舍。凡欲积善，决不可徇耳目，惟从心源隐微处，默默洗涤。纯是济世之心，则为端；苟有一毫媚世之心，即为曲；纯是爱人之心，则为端；有一毫愤世之心，即为曲；纯是敬人之心，则为端；有一毫玩世之心，即为曲；皆当细辨。

何谓阴阳？凡为善而人知之，则为阳善；为善而人不知，则为阴德。阴德，天报之；阳善，享世名。名，亦福也。名者，造物所忌；世之享盛名而实不副者，多有奇祸；人之无过咎而横被恶名者，子孙往往骤发，阴阳之际微矣哉。

何谓是非？鲁国之法，鲁人有赎人臣妾于诸侯，皆受金于府，子贡赎人而不受金。孔子闻而恶之曰："赐失之矣。夫圣人举事，可以移风易俗，而教道可施于百姓，非独适己之行也。今鲁国富者寡而贫者众，受金则为不廉，何以相赎乎？自今以后，不复赎人于诸侯矣。"

子路拯人于溺，其人谢之以牛，子路受之。孔子喜曰："自今鲁国多拯人于溺矣。"自俗眼观之，子贡不受金为优，子路之受牛为劣；孔子则取由而黜赐焉。乃知人之为善，不论现行而论流弊；不论一时而论久远；不论一身而论天下。现行虽善，而其流足以害人，则似善而实非也；现行虽不善，而其流足以济人，则非善而实是也。然此就一节论之耳。他如非义之义，非礼之礼，非信之信，非慈之慈，皆当决择。

何谓偏正？昔吕文懿公，初辞相位，归故里，海内仰之，如泰山北斗。有一乡人，醉而詈之，吕公不动，谓其仆曰："醉者勿与较也。"闭门谢之。逾年，其人犯死刑入狱。吕公始悔之曰："使当时稍与计较，送公家责治，可以小惩而大戒；吾当时只欲存心于厚，不谓养成其恶，以至于此。"此以善心而行恶事者也。

又有以恶心而行善事者。如某家大富，值岁荒，穷民白昼抢粟于市；告之县，县不理，穷民愈肆，遂私执而困辱之，众始定；不然，几乱矣。故善者为正，恶者为偏，人皆知之；其以善心行恶事者，正中偏也；以恶心而行善事者，偏中正也；不可不知也。

何谓半满？易曰："善不积，不足以成名；恶不积，不足以灭身。"书曰："商罪贯盈。"如贮物于器，勤而积之，则满；懈而不积，则不满。此一说也。

昔有某氏女入寺，欲施而无财，止有钱二文，捐而与之，主席者亲为忏悔；及后入宫富贵，携数千金入寺舍之，主僧惟令其徒回向而已。

因问曰："吾前施钱二文，师亲为忏悔，今施数千金，而师不回向，何也？"

曰："前者物虽薄，而施心甚真，非老僧亲忏，不足报德；今物虽厚，而施心不若前日之切，令人代忏足矣。"此千金为半，而二文为满也。

钟离授丹于吕祖，点铁为金，可以济世。

吕问曰："终变否？"

曰："五百年后，当复本质。"

吕曰："如此则害五百年后人矣，吾不愿为也。"

曰："修仙要积三千功行，汝此一言，三千功行已满矣。"

此又一说也。

又为善而心不著善，则随所成就，皆得圆满。心著于善，虽终身勤励，止于半善而已。譬如以财济人，内不见己，外不见人，中不见所施之物，是谓三轮体空。是谓一心清净，则斗粟可以种无涯之福，一文可以消千劫之罪。倘此心未忘，虽黄金万镒，福不满也。此又一说也。

何谓大小？昔卫仲达为馆职，被摄至冥司，主者命吏呈善恶二录。比至，则恶录盈庭，其善录一轴，仅如箸而已。索秤称之，则盈庭者反轻，而如箸者反重。

仲达曰："某年未四十，安得过恶如是多乎？"

曰："一念不正即是，不待犯也。"

因问轴中所书何事？

曰："朝廷尝兴大工，修三山石桥，君上疏谏之，此疏稿也。"

仲达曰："某虽言，朝廷不从，于事无补，而能有如是之力。"

曰："朝廷虽不从，君之一念，已在万民；向使听从，善力更大矣。"

故志在天下国家，则善虽少而大；苟在一身，虽多亦小。

何谓难易？先儒谓克己须从难克处克将去。夫子论为仁，亦曰先难。必如江西舒翁，舍二年仅得之束修，代偿官银，而全人夫妇；与邯郸张翁，舍十年所积之钱，代完赎银，而活人妻子，皆所谓难舍处能舍也。如镇江靳翁，虽年老无子，不忍以幼女为妾，而还之邻，此难忍处能忍也；故天降之福亦厚。凡有财有势者，其立德皆易，易而不为，是为自暴。贫贱作福皆难，难而能为，斯可贵耳。

随缘济众，其类至繁，约言其纲，大约有十：第一，与人为善；第二，爱敬存心；第三，成人之美；第四，劝人为善；第五，救人危急；第六，兴建大利；第七，舍财作福；第八，护持正法；第九，敬重尊长；第十，爱惜物命。

何谓与人为善？昔舜在雷泽，见渔者皆取深潭厚泽，而老弱则渔于急流浅滩之中，恻然哀之，往而渔焉；见争者皆匿其过而不谈，见有让者，则揄扬而取法之。期年，皆以深潭厚泽相让矣。夫以舜之明哲，岂不能出一言教众人哉？乃不以言教而以身转之，此良工苦心也。

吾辈处末世，勿以己之长而盖人；勿以己之善而形人；勿以己之多能而困人。收敛才智，若无若虚；见人过失，且涵容而掩覆之。一则令其可改，一则令其有所顾忌而不敢纵，见人有微长可取，小善可录，翻然舍己而从之，且为艳称而广述之。凡日用间，发一言，行一事，全不为自己起念，全是为物立则，此大人天下为公之度也。

何谓爱敬存心？君子与小人，就形迹观，常易相混，惟一点存心处，则善恶悬绝，判然如黑白之相反。故曰：君子所以异于人者，以其存心也。君子所存之心，只是爱人敬人之心。盖人有亲疏贵贱，有智愚贤不肖；万品不齐，皆吾同胞，皆吾一体，孰非当敬爱者？爱敬众人，即是爱敬圣贤；能通众人之志，即是通圣贤之志。何者？圣贤之志，本欲斯世斯人，各得其所。吾合爱合敬，而安一世之人，即是为圣贤而安之也。

何谓成人之美？玉之在石，抵掷则瓦砾，追琢则圭璋；故凡见人行一善事，或其人志可取而资可进，皆须诱掖而成就之，或为之奖借，或为之维持，或为白其诬而分其谤，务使之成立而后已。

大抵人各恶其非类，乡人之善者少，不善者多。善人在俗，亦难自立。且豪杰铮铮，不甚修形迹，多易指摘，故善事常易败，而善人常得谤；惟仁人长者，匡直而辅翼之，其功德最宏。

何谓劝人为善？生为人类，孰无良心？世路役役，最易没溺。凡与人相处，当方便提撕，开其迷惑。譬犹长夜大梦，而令之一觉；譬犹久陷烦恼，而拔之清凉，为惠最溥。韩愈云："一时劝人以口，百世劝人以书。"较之与人为善，虽有形迹，然对证发药，时有奇效，不可废也；失言失人，当反吾智。

何谓救人危急？患难颠沛，人所时有。偶一遇之，当如痌瘝之在身，速为解救，或以一言伸其屈抑，或以多方济其颠连。崔子曰："惠不在大，赴人之急可也。"盖仁人之言哉。

何谓兴建大利？小而一乡之内，大而一邑之中，凡有利益，最宜兴建，或开渠导水；或筑堤防患；或修桥梁，以便行旅；或施茶饭，以济饥渴；随缘劝导，协力兴修，勿避嫌疑，勿辞劳怨。

何谓舍财作福？释门万行，以布施为先。所谓布施者，只是舍之一字耳。达者内舍六根，外舍六尘，一切所有，无不舍者。苟非能然，先从财上布施，世人以衣食为命，故财为最重，吾从而舍之。内以破吾之悭，外以济人之急，始而勉强，终则泰然，最可以荡涤私情，祛除执吝。

何谓护持正法？法者，万世生灵之眼目也。不有正法，何以参赞天地？何以裁成万物？何以脱尘离缚？何以经世出世？故凡见圣贤庙貌、经书典籍，皆当敬重而修饬之。至于举扬正法，上报佛恩，尤当勉励。

何谓敬重尊长？家之父兄，国之君长，与凡年高、德高、位高、识高者，皆当加意奉事。在家而奉侍父母，使深爱婉容，柔声下气，习以成性，便是和气格天之本。出而事君，行一事，毋谓君不知而自恣也；刑一人，毋谓君不知而作威也。事君如天，古人格论，此等处最关阴德。试看忠孝之家，子孙未有不绵远而昌盛者，切须慎之。

何谓爱惜物命？凡人之所以为人者，惟此恻隐之心而已，求仁者求此，积德者积此。周礼"孟春之月，牺牲毋用牝"，孟子谓君子远庖厨，所以全吾恻隐之心也。故前辈有四不食之戒，谓闻杀不食、见杀不食、自养者不食、专为我杀者不食。学者未能断肉，且当从此戒之。

渐渐增进，慈心愈长，不特杀生当戒，蠢动含灵，皆为物命。求丝煮茧，锄地杀虫，念衣食之由来，皆杀彼以自活。故暴殄之孽，当与杀生等。至于手所误伤、足所误践者，不知其几，皆当委曲防之。古诗云："为鼠常留饭，怜蛾不点灯。"何其仁也！

善行无穷，不能殚述；由此十事而推广之，则万德可备矣。

第四篇 谦德之效

易曰："天道亏盈而益谦，地道变盈而流谦，鬼神害盈而福谦，人道恶盈而好谦。"是故谦之一卦，六爻皆吉。书曰："满招损，谦受益。"予屡同诸公应试，每见寒士将达，必有一段谦光可掬。

辛未（公元1571年）计偕，我嘉善同袍凡十人，惟丁敬宇宾，年最少，极其谦虚。

予告费锦坡曰："此兄今年必第。"

费曰："何以见之？"

予曰："惟谦受福。兄看十人中，有恂恂款款，不敢先人，如敬宇者乎？有恭敬顺承，小心谦畏，如敬宇者乎？有受侮不答，闻谤不辩，如敬宇者乎？人能如此，即天地鬼神，犹将佑之，岂有不发者？"

及开榜，丁果中式。

丁丑（公元1577年）在京，与冯开之同处，见其虚己敛容，大变其幼年之习。李霁岩直谅益友，时面攻其非，但见其平怀顺受，未尝有一言相报。予告之曰："福有福始，祸有祸先，此心果谦，天必相之，兄今年决第矣。"已而果然。

赵裕峰，光远，山东冠县人，童年举于乡，久不第。其父为嘉善三尹，随之任，慕钱明吾，而执文见之。明吾悉抹其文，赵不惟不怒，且心服而速改焉。明年，遂登第。

壬辰岁（公元1592年），予入觐，晤夏建所，见其人气虚意下，谦光逼人，归而告友人曰："凡天将发斯人也，未发其福，先发其慧；此慧一发，则浮者自实，肆者自敛；建所温良若此，天启之矣。"及开榜，果中式。

江阴张畏岩，积学工文，有声艺林。甲午（公元1594年），南京乡试，寓一寺中，揭晓无名，大骂试官，以为眯目。时有一道者，在傍微笑，张遽移怒道者。道者曰："相公文必不佳。"

张益怒曰："汝不见我文，乌知不佳？"

道者曰："闻作文，贵心气和平，今听公骂詈，不平甚矣，文安得工？"

张不觉屈服，因就而请教焉。

道者曰："中全要命，命不该中，文虽工，无益也。须自己做个转变。"

张曰："既是命，如何转变？"

道者曰："造命者天，立命者我；力行善事，广积阴德，何福不可求哉？"

张曰："我贫士，何能为？"

道者曰："善事阴功，皆由心造，常存此心，功德无量，且如谦虚一节，并不费钱，你如何不自反而骂试官乎？"

张由此折节自持，善日加修，德日加厚。丁酉（公元1597年），梦至一高房，得试录一册，中多缺行。问旁人，曰："此今科试录。"

问:"何多缺名?"

曰:"科第阴间三年一考较,须积德无咎者,方有名。如前所缺,皆系旧该中式,因新有薄行而去之者也。"

后指一行云:"汝三年来,持身颇慎,或当补此,幸自爱。"是科果中一百五名。

由此观之,举头三尺,决有神明;趋吉避凶,断然由我。须使我存心制行,毫不得罪于天地鬼神,而虚心屈己,使天地鬼神,时时怜我,方有受福之基。彼气盈者,必非远器,纵发亦无受用。稍有识见之士,必不忍自狭其量,而自拒其福也,况谦则受教有地,而取善无穷,尤修业者所必不可少者也。

古语云:"有志于功名者,必得功名;有志于富贵者,必得富贵。"人之有志,如树之有根,立定此志,须念念谦虚,尘尘方便,自然感动天地,而造福由我。今之求登科第者,初未尝有真志,不过一时意兴耳;兴到则求,兴阑则止。

孟子曰:"王之好乐甚,齐其庶几乎?"予于科名亦然。

《了凡四训》序文

印光祖师 撰

圣贤之道，唯诚与明。圣狂之分，在乎一念。圣罔念则作狂，狂克念则作圣。其操纵得失之象，喻如逆水行舟，不进则退。不可不勉力操持，而稍生纵任也。须知诚之一字，乃圣凡同具，一如不二之真心。明之一字，乃存养省察，从凡至圣之达道。然在凡夫地，日用之间，万境交集。一不觉察，难免种种违理情想，瞥尔而生。此想既生，则真心遂受锢蔽。而凡所作为，咸失其中正矣。若不加一番切实工夫，克除净尽，则愈趋愈下，莫知底极。徒具作圣之心，永沦下愚之队。可不哀哉。

然作圣不难，在自明其明德。欲明其明德，须从格物致知下手。倘人欲之物，不能极力格除，则本有真知，决难彻底显现。欲令真知显现，当于日用云为，常起觉照，不使一切违理情想，暂萌于心。常使其心，虚明洞彻，如镜当台，随境映现。但照前境，不随境转，妍媸自彼，于我何干？来不预计，去不留恋。若或违理情想，稍有萌动，即当严以攻治，剿除令尽。如与贼军对敌，不但不使侵我封疆，尚须斩将搴旗，剿灭余党。其制军之法，必须严以自治，毋怠毋荒。克己复礼，主敬存诚，其器仗须用颜子之四勿，曾子之三省，蘧伯玉之寡过知非。加以战战兢兢，如临深渊，如履薄冰，与之相对，则军威远振，贼党寒心，惧罹灭种之极戮，冀沾安抚之洪恩。从兹相率投降，归顺至化。尽革先心，聿修厥德。将不出户，兵不血刃。举寇仇皆为赤子，即叛逆悉作良民。上行下效，率土清宁，不动干戈，坐致太平矣。

如上所说，则由格物而致知，由致知而克明明德。诚明一致，即凡成圣矣。其或根器陋劣，未能收效。当效赵阅道日之所为，夜必焚香告帝，不敢告者，即不敢为。袁了凡诸恶莫作，众善奉行，命自我立，福自我求，俾造物不能独擅其权。受持功过格，凡举心动念，及所言所行，善恶纤悉皆记，以期善日增而恶日减。初则善恶参杂，久则唯善无恶，故能转无福为有福，转不寿为长寿，转无子孙为多子孙。现生优入圣贤之域，报尽高登极乐之乡。行为世则，言为世法。彼既丈夫我亦尔，何可自轻而退屈。

或问，格物乃穷尽天下事物之理，致知乃推极吾之知识，必使一一晓了也。何得以人欲为物，真知为知，克治显现为格致乎？

答曰，诚与明德，皆约自心之本体而言。名虽有二，体本唯一也。知与意心，兼约自心之体用而言，实则即三而一也。格致诚正明五者，皆约闲邪存诚、返妄归真而言。其检点省察造诣工夫，明为总纲，格致诚正乃别目耳。修身正心诚意致知，皆所以明明德也。倘自心本有之真知为物欲所蔽，则意不诚而心不正矣。若能格而除之，则是"慧风扫荡障云尽，心月孤圆朗中天"矣。此圣人示人从泛至切、从疏至亲之决定次序也。若穷尽天下事物之理，俾吾心知识悉皆明了方能诚意者，则唯博览群书遍游天下之人，方能诚意正心以明其明德。未能博览阅历者，纵有纯厚天姿，于诚意正心皆无其分，况其下焉者哉。有是理乎？

然不深穷理之士，与无知无识之人，若闻理性，多皆高推圣境，自处凡愚，不肯奋发勉励，遵循从事。若告以过去现在未来三世因果，或善或恶，各有其报，则必畏恶果而断恶因，修善因而冀善果。善恶不出身口意三。既知因果，自可防护身口，洗心涤虑。虽在暗室屋漏之中，常如面对帝天，不敢稍萌匪鄙之心，以自干罪戾也已。此大觉世尊普令一切上中下根，致知诚意正心修身之大法也。然狂者畏其拘束，谓为着相。愚者防己愧怍，为谓渺茫。除此二种人，有谁不信受。故梦东云：善谈心性者，必不弃离于因果；而深信因果者，终必大明夫心性。此理势所必然也。须知从凡夫地乃至圆证佛果，悉不出因果之外。有不信因果者，皆自弃其善因善果，而常造恶因，常受恶果，经尘点劫，轮转恶道，末由出离之流也。哀哉！

圣贤千言万语，无非欲人返省克念，俾吾心本具之明德，不致埋没，亲得受用耳。但人由不知因果，每每肆意纵情。纵毕生读之，亦只学其词章，不以希圣希贤为事，因兹当面错过。袁了凡先生训子四篇，文理俱畅，豁人心目，读之自有欣欣向荣、亟欲取法之势，洵淑世良谟也。永嘉周群铮居士，发愿流通，祈予为序。因撮取圣贤克己复礼闲邪存诚之意，以塞其责云。

第一部分　本书介绍

大家好!

今天我们共同来学习《了凡四训》。《了凡四训》是一部教导我们改造命运的善书。它是明朝袁了凡先生写给他儿子的家训, 总共有四篇, 称为《了凡四训》。这四篇文章第一篇叫作"立命之学", 第二篇叫作"改过之法", 第三篇叫作"积善之方", 第四篇是"谦德之效"。它所教导我们的就是如何经营美满的人生。如果我们觉得自己的人生不够美满, 还有很多的不如意, 正所谓人生不如意事十之八九, 请大家不要灰心, 要知道幸福美满的人生是由我们自己来创造的。所以我们这次讲题就定为"重建美满人生"。

如果你觉得自己的人生已经幸福美满了, 但是要知道, 虽然你比很多人更幸福, 但是在生活当中也难免会出现很多的烦恼、挫折、困境, 甚至会起很多的波浪。如何使自己的人生过得更圆满,《了凡四训》教导我们的就是这个。而且再进一步, 教导我们如何转凡成圣, 从凡夫俗子的地位迈入圣贤的地位, 真正使我们的人生达到究竟圆满。对学佛人来讲,《了凡四训》也是一门非常重要的基础科目。它教导我们认识因果的道理，认识到善有善报、恶有恶报，从而能够断恶修善，去营造积极的人生，迈入佛法的殿堂。我们这次的学习尽量简要详明，只是把文中的重点提出来学习探讨。大家生活在现代的社会里，时间也是非常地紧张，很少人有充裕的时间来听讲、学习。所以我们这次希望用6天的时间把《了凡四训》从头到尾学习一遍，每天2小时，总共12小时。学习完《了凡四训》以后，我们再来学习印光大师为《了凡四训》写的一篇序文。这篇序文写得非常好，从佛法的高度、从圣贤的高度为我们指出了学习《了凡四训》的必要性，我们把它放在最后来学习。等我们把整个《了凡四训》学习一遍以后，有了完整的概念，再来读印祖的序，那个味道就更浓了。下面我们就开始学习这一篇文章。

首先介绍作者，本文的作者是明朝的袁了凡先生。他出生于明世宗嘉靖十四年，也就是公元1535年；于明神宗万历三十六年，也就是公元1608年去世的，享年74岁。他的籍贯是中国江苏省吴江市，本名叫作袁黄，字坤仪。古人有名也有字，名字是父母起的，也只有父母和老师才能叫一个人的名；长大以后，朋友就不能称他的名了，这是对他的尊重，因此长大后都要称他的字。了凡先生，他原来有个号叫学海，意思就是很博学，学问、知识像海洋一样的广博。了凡先生十五岁那年遇到了一位孔先生，这位孔先生是一位算命的高手，精于八字算命。他为了凡先生算命，把了凡一生的命运都算定了，后来发现算得还非常准确，连他每次考试考第几名，获得多少俸禄，得多少的米粮，能做到什么官都算得很准，还算出了凡先生命中无子，最后是五十三岁寿终，把了凡先生整个一生都算定了。确实，了凡先生也基本上是按照孔先生算定的命运去走，一点都没有差错。所以他自己也就心灰意冷，没有什么妄想了。因为什么？命运都给人算定了。真的是"命里有时终须有，命里无时莫强求"。所以他自己什么想法、什么念头都没有了。因为想也没用，真正是"一饮一啄，莫非前定"，所以他的心也很清净。

后来，有一次到南京的栖霞山，遇到了云谷禅师，这是一位开悟的大德。云谷禅师跟他在禅堂里对坐了三天三夜，就发现这个人不简单，打坐三天三夜竟然不起一个妄念，就问他什么原因。了凡先生就告诉云谷禅师，这是因为自己的命都已经被孔先生算定了。禅师听了后哈哈大笑说，我原来以为你是个英雄，是个豪杰，原来还是个凡夫。了凡先生听后很不解，很疑惑地请教云谷禅师，这话怎样理解？云谷禅师就告诉他："你这么多年来竟然被孔先生把命算定了，都不能够转动一毫，你说你是不是凡夫？"了凡先生就问，难道命运是可以转变的吗？

禅师就给他开示，命运确实是可以转变的，正所谓"命自我立，福自己求"。命运是由自己掌控的，福报也是由我们自己求得的。用什么方法求？一定要按照因果的道理、原则去求。禅师给他开示以后，就教导他如何改造命运。了凡先生也听明白了，后来就把自己的号改了，他原来叫学海，现在改成了凡。"了凡"，我们从这个名字可以看到，"了"就是完全明了，不再想做凡夫了，真正想要成圣成贤了。这是了凡先生所立定的志向，他想要转凡成圣。转凡成圣第一步是要断恶修善，所以他这一生就是实践断恶修善，积功累德。确实，几十年来他做到了，也真正把自己的命运改造过来了。原来他命中没有功名，只能考取秀才，没有举人和进士，结果后来他获得了进士，这是古人最高的学位。而且做的官也比原来要大，而且原来命中无子，但后来他生了两个儿子；本来寿命应该到五十三岁的，结果他活到了七十四岁。你看，命运全改造过来了。所以在他晚年写了这篇《了凡四训》，把这一生所修所学的跟世人分享。他确实是断恶修善、改造命运、重建美满人生的好榜样，在历史上堪称是一个楷模。

《了凡四训》是他们袁家的家训，本来是教导他自己子孙后代的。你看，古人传家之宝是什么？不是把一块什么玉，或者是把什么金子、银子留给子孙，不是！真正传家之宝，就是这种圣训。所以他把自己这一生所修所学，写下来传给子孙，后来也传出来让社会大众也能受益。四篇家训可以说是文理俱畅，豁人心目，写得确实很好，文字也很流畅，而且能够真正让人破迷开悟。在清朝末年，民国初年的净土宗十三祖印光大师，当年就竭力地提倡这一本书，提倡因果教育，因此这本书流传得很广。

我们的恩师，在早年学佛的时候，接触的第一部圣典就是《了凡四训》，是一位朱镜宙老先生送给他的。我们的恩师认真地学习这本书，而且依教奉行，这一生不遗余力地讲经弘法，要知道，讲经弘法是最大的修善，恩师一生积功累德，也改造了命运。早年别人给我们的恩师看相算命，说他都活不到四十五岁，而且说我们的恩师，虽然人很聪明，但是福报很小，寿命也短。

结果恩师今年已经是八十一岁，福报很大，智慧也很高。我们看他老人家也很长寿，他改造命运比了凡先生改造得更殊胜。所以我们的恩师也是一位大"了凡"。他也是极力地提倡弘扬这部书，可以说是有印祖的遗风。确实他也认识到，真正要解救现前众生的劫难，必须用《了凡四训》、《太上感应篇》、《安士全书》这些因果教育的经典；而且学佛的人真正做到信、解、行、证，入佛境界，也必须在因果教育的这些课程上面扎根。今生想要有所成就，就要扎好我们中华传统文化儒释道三家的根。儒家的根是《弟子规》，道家的根是《太上感应篇》，佛家的根是《佛说十善业道经》，可以说《了凡四训》是含摄了这三个根的教育。那我们在学习《了凡四训》的时候，也尽量地结合这三个根，真正地去落实圣贤的教育，这样才能够入门。以上是简单地给大家做了一个介绍。

虽然《了凡四训》不是佛经，但是要知道它讲的理跟佛经的理是完全相应的。什么叫佛经？佛经里面讲"诸恶莫作、众善奉行、自净其意，是诸佛教"，佛的教诲就用这三个科目来印证的。你看《了凡四训》讲的是不是"诸恶莫作、众善奉行、自净其意"，确实也是讲这些。所以我们要高度地重视这部书，应该把它当作佛经一样去尊敬和学习，这样的话才一分诚敬得一分利益，十分诚敬得十分利益。我们的利益也才得的大。下面我们来看经文。

第二部分 立命之学

《了凡四训》第一篇是"立命之学"，讲的就是如何改造命运，如何重建幸福美满的人生，它把这个原理讲得非常的清楚，是以了凡先生本人的遭遇来贯穿始终，我们来详细学习。在学习过程中也要去思考，"学而不思则罔，思而不学则殆"，光学习不思考，你就没有办法吸收，就会迷惑；光思考不学习也不行，那就会变成打妄想，盲修瞎练。所以我们要思考，命运的主宰是谁？真正要了解命运的主宰不是上帝，不是神灵，而是自己。这个道理很深很深，我们通过学习慢慢地去领悟。

【余童年丧父，老母命弃举业学医，谓可以养生，可以济人，且习一艺以成名，尔父夙心也。后余在慈云寺，遇一老者，修髯伟貌，飘飘若仙，余敬礼之。语余曰："子仕路中人也，明年即进学，何不读书？"

余告以故，并叩老者姓氏里居。

曰："吾姓孔，云南人也。得邵子皇极数正传，数该传汝。"

余引之归，告母。

母曰:"善待之。"

试其数,纤悉皆验。余遂起读书之念,谋之表兄沈称,言:"郁海谷先生,在沈友夫家开馆,我送汝寄学甚便。"

余遂礼郁为师。】

　　了凡先生在童年的时候,他的父亲就过世了,所以了凡先生也属于单亲子女。虽然家里有这个不幸,但是并不妨碍他自己去做君子,做圣贤,所以单亲子女也同样可以成圣成贤。孔子、孟子也是幼年丧父,释迦牟尼佛也是一出生母亲就过世了,范仲淹的父亲也是很早就过世,但是他们都成了圣贤。所以只要我们真正认真学习和实践圣贤的教诲,哪怕是环境不好也不会有妨碍,关键是靠自己。

　　我们看了凡先生童年丧父,母亲就希望他去学医,不要考功名,因为考功名是一条很有风险的路子。古人讲"学而优则仕"。真正要考取功名不单是自己学识要高,而且要真正有福,你要有这个命;如果没功名的命,哪怕是很有才华的人,最后可能还是老于窗下。所以了凡先生的母亲就劝他不要考取功名,要来学习医术,治病救人。不但自己能够养活自己,同时也能够治病救人、自利利他,这不是很好吗?还对了凡先生说,他的父亲过去也是这么希望的,希望袁了凡将来做一名好医生,治病救人、救死扶伤。这是父母的心愿,可见得这个家庭确实也是个善人的家庭。我们看袁了凡父亲的遗愿,就是让自己的孩子治病救人,不是希望孩子大富大贵,而是能为社会做出有益的贡献,这样的人生才真正有意义。所以我们可想而知了凡先生的家教也是很不错的，父母有这么良好的善愿，教导的孩子一定也是一个善良的孩子，所以家庭教育很重要。父母是什么样的心态，是什么样的存心，往往就会影响自己的孩子，要知道善必有善报，恶必有恶报。《易经》上所说的"积善之家必有余庆，积不善之家必有余殃"，一个善良的家庭，将来的子孙一定会好，一定会发达。

我们知道，宋朝的宰相范仲淹，在小的时候跟了凡先生的命运差不多。父亲也是很早就过世，结果母亲只能改嫁，范仲淹只能到破庙里面去读书。有一次，范仲淹跟一些朋友们遇到了一位看相的高人，大家都找这个先生看相，看自己将来能不能考取功名，能不能发达。范仲淹也问算命先生，他说："先生，你看我这个相貌，将来能不能够做宰相？"算命先生一听，这个年轻人一开口就要做宰相，年纪轻轻的，口气还挺大，所以这位算命先生就表现出一种不以为然的样子。范仲淹看到算命先生这个样子，马上就改口，就又问他："如果宰相做不了，那你看我能不能当一名医生？"古代的医生不像现在，收取很高的医药费，所以医生的职业在现在来说，都是属于比较高薪的阶层。在古代，医生都是属于非常清贫的行业，就跟教书的先生一样，虽然是清贫的行业，但是受到世人的尊重。为什么？因为医生是治病救人，而老师是教化世人，所以特别受到大家的尊重，可是生活都是很清贫的。算命先生听到范仲淹这么一改口，就问他："你怎么一开口说要做宰相，一下子又掉到要当医生？"范仲淹就回答说："唯有宰相和医生可以救人。如果当不了宰相，不能够帮助普天下的人，那我就当一名医生，救得一个是一个。"你看看范仲淹的存心，真的是仁爱！他没有只为自己想，所以算命先生很感动，竖起大拇指称赞他说，"你这种存心，是真宰相也！"后来范仲淹果然当了宰相，为朝廷建功立业，出将入相，而且他的儿子也当了宰相。所以你看看，积善之家必有余庆。范仲淹的家庭、家族一直到民国时代都非常好，都受到世人的尊重，连印光大师都赞叹他。

所以我们就知道，真正读书、学文，就是要立志做圣贤。不管将来从事什么样的行业，做医生也好，教书也好，都要做圣贤。圣贤就是对宇宙人生真相明了，真正能够为世人、为社会做好榜样的人。

了凡先生接受了父母的这种希求，于是就发愿当医生。有一天上山采药路过慈云寺，慈云寺是在江苏省的吴江，也就是了凡先生的家乡。直到现在，慈云寺还在，它是一座历史非常悠久的寺院，始建于三国孙吴时代，刚开始叫作广济寺，后来在明朝天顺年间改名为慈云寺，慈云寺里头有一个塔叫慈云塔，现在也是属于旅游胜地。这个寺院的名字"慈云"，慈悲的慈，云彩的云，这个名字本身就很给人启发。这个慈是代表慈悲，无私的这种大爱，大慈大悲，这是讲我们的存心；云是代表什么？不空不有、亦空亦有。你看云在空中，你在地上能看到，云在空中好像真有各种各样的形状；你要是坐着飞机穿过云层，会看到，其实它并不是一个真实存在的东西，都是些水气的凝聚，所以它是代表空有不二。这就是佛门的教学，你看，古人用名字、起名都是提醒人觉悟，"慈云"表示我们的存心要大慈大悲，但是又要明了宇宙人生如梦幻泡影。梦幻泡影就用云字来代表。人做梦,梦是空的。是梦,它就不可能真有,但是在梦中明明又见到这些山河大地,一些人物,还会遇到一些事情,这些在梦里真有!所以它是不空不有,真空妙有。这是智慧,有慈悲、有智慧才能够普度众生。

寺院,在古代是教学的机构。古代的教育有两大方面,一个是儒家教育,一个是佛陀教育,也就是佛教。佛教是在公元67年,汉朝明帝永平十年正式传入中国的。当时首都在洛阳,于是在洛阳建立白马寺,这是中国第一家寺院,是由皇帝下令用它来推行佛陀教育的机构。寺在古代是直接受皇帝领导的机构,这个机构叫寺。儒家的教育由宰相来领导,它称为礼部,礼部就是儒家的教育部。所以在这里我们看到,儒家教育由宰相领导,佛陀教育由皇上直接领导,都是教育。我们的恩师详细讲过一个讲题叫"认识佛教",给我们详细说明了寺院里面这些教学的道具,比如佛像,乃至佛前供的鲜花、水果、灯、水等等,这些都是艺术的教育,这里面没有丝毫的迷信。古人了解这个情况,都知道寺院不是宗教场所,而是教育的机构。所以读书人常常都会到寺院里去读书。像范仲淹年轻的时候就在寺院里苦读,因为寺院里面有图书馆,这个图书馆叫作藏经楼。藏经楼里面的藏书很丰富,不仅是佛教的经典,而且儒、释、道三家的经典,乃至各行各业的丛书、善书都搜集在里面,所以藏经楼是个读书的场所。寺院里所住的出家人,他们也都是有道德、有学问,学为人师、行为世范的老师。读书人如果在学习中有问题解决不了,都会向出家人去请教。所以寺院真正的功能就是推动、从事圣贤教育，它是一个教育机构。

了凡先生路过慈云寺的时候，遇到了一位老者，是位道长，长长的胡子、高大的身材，飘飘若仙，真是仙风道骨。了凡先生见到道长，立即给他作揖行礼。就像《弟子规》中所教导的"路遇长，疾趋揖"，上前行礼，对老人家非常地恭敬。这位老道长见到了凡这种态度，了凡才十五岁就这么有礼貌，就跟他讲："孩子，看你的面相，应该是一个读书人，将来是可以考取功名，是能够得到国家的俸禄，但是你为什么来这里砍柴、采药？为什么不读书？看你的命相，明年你就应该考取秀才了。"了凡先生就把自己为什么不读书的原因向道长报告，是因为父亲的遗愿，母亲也希望自己弃文学医，所以就没有读书。然后了凡先生就叩问这位老者的姓名、籍贯。老人家说他姓孔，是云南人，得邵子皇极数正传，这本书也就是邵康节先生的《皇极经世书》，它是一部命理学的名著，也是一门高等的数学，可以用它来算一个人的吉凶祸福，乃至一个国家的国运、世界的世运。老者说他这部《皇极经世书》，按照命理应该是传给了凡的。你看这位老人家见到了凡先生，就一下断定了凡是他的传人。大家就觉得不解了，凭什么会这样？当然我们抛开他们这种会算命、看相的功夫不谈。光看这种情形，了凡先生小小年纪对待老人家就这么恭敬，单单这种恭敬、真诚的态度，就可以传承大法。你看他见到老人家，《弟子规》讲的"路遇长，疾趋揖"这条他做到了。老人家问他你为什么不读书？了凡就跟他讲了为什么不读书，"问起对，视勿移"也落实了，这样看来了凡先生把《弟子规》落实得确实不错。

所以我们晓得要真正传承大法，传承古圣先贤的教育，一定要重视根本。根本在哪里? 在《弟子规》。《弟子规》做到了，这样才能入门。所以老师真正找传人，看什么? 是看一个人是不是真正做到了《弟子规》。所以我们的恩师这些年在讲经时，就大力地提倡大家要落实《弟子规》，如果《弟子规》都没有做到，那么学佛是不可能成就的，往生也是不可能的。为什么? 因为《弟子规》都做不到，所以佛经里讲的善男子、善女人就没你的份。善人都做不了，怎么能够做圣人，怎么能够成佛?

于是了凡就把孔先生带回家，因为孔先生说要传给他《皇极经世书》，他很高兴，这证明了凡是个好学的人。你看他诚敬、好学，还能够遵循父母的愿望，这是有孝心的表现。在生活方面，因为家庭比较贫寒，母子相依为命，所以他要靠学医，以治病救人为业，生活一定是很清廉。所以他可以说有孝、廉、诚、敬、好学的优点，这样的人，才能够传承法脉。所以我们希望能够传承圣教，真正不忍圣教衰、不忍世间苦。所以看到众生受苦难，这是为什么? 是因为圣教衰微，所以众生才会迷惑造业而受报。我们真正觉悟了，于心不忍，所以要发心传承圣教。传承圣教的基础就在于这五方面，孝、廉、诚、敬、好学，具体来说就是落实《弟子规》，这样才是一个真正发心学佛的人。

了凡先生把孔先生请回家里，拜见过母亲，然后母亲就吩咐了凡，让了凡好好款待这位老先生。首先试验了一下这位孔先生算命的本事，就问了他一些事情，结果发现这位孔先生算得真是太准了，过去的事算得一点都不差，非常灵验，证明孔先生确实是位高人。于是母子两人就听取了孔先生的建议，了凡就开始读书，萌发了考取功名的念头。当时，正好了凡的一个表哥，说有一位叫郁海谷的先生，正在开私塾教书，所以了凡先生就拜郁海谷先生为师，开始学习，准备将来去考试。下面我们把其中一段经文拿出来念念，因为我们的学习时间比较紧张，所以我们尽量地浓缩，用白话的形式给大家介绍，而经文依然放在文中，。请看经文：

【孔为余起数：县考童生，当十四名；府考七十一名，提学考第九名。明年赴考，三处名数皆合。复为卜终身休咎：言某年考第几名，某年当补廪，某年当贡，贡后某年当选四川一大尹，在任三年半，即宜告归。五十三岁八月十四日丑时，当终于正寝，惜无子。余备录而谨记之。】

这一段经文是孔先生为了凡预卜终身休咎，把他这一生的流年祸福都给算出来了。说他在县考（考试有县级的考，有省里的考，也就是府考），县考童生时，他考第十四名。府考（这就是在省里的考试）考第七十一名。在提学考（提学考相当于省里的教育厅厅长主持的考试）就考第九名。这都是第二年了凡的运，结果第二年赴考，三处的名数都合孔先生原来算定的。后来又请孔先生预卜他终生休咎，就是看他的一生。说他哪一年考第几名，哪一年当补廪（补廪，廪就是廪生，它是秀才的一个等级，这种秀才是接受国家俸禄的, 由国家给他薪水。给的薪水是用米、粮食来算的, 叫廪米。这是在出现空缺的时候, 才能够补进去的。如果没有空缺, 就不能够成为廪生, 所以叫补廪)。他说某年补了廪生, 某年应该当贡生, 贡生是秀才的最高等级。在当了秀才、贡生以后, 他就会被任命做四川的一个大尹, 就是一个县长, 在任三年半, 就应该退休了, 就应该告老回乡。五十三岁八月十四日丑时 (丑时是相当于凌晨一点到三点的时间), 他就会寿终正寝, 这是说他的寿命, 只有五十三岁, 而且没有后代。了凡先生把孔先生为他算的命 "备录而谨记之", 都做好了备忘录, 这是孔先生为了凡算他的一生。

【自此以后, 凡遇考校, 其名数先后, 皆不出孔公所悬定者。独算余食廪米九十一石五斗当出贡; 及食米七十余石, 屠宗师即批准补贡, 余窃疑之。后果为署印杨公所驳, 直至丁卯年 (公元1567年), 殷秋溟宗师见余场中备卷, 叹曰: "五策, 即五篇奏议也, 岂可使博洽淹贯之儒, 老于窗下乎!" 遂依县申文准贡, 连前食米计之, 实九十一石五斗也。】

了凡这一生主要的事情都被算定了。每一年考试考第几名, 吃多少国家的俸禄, 到哪一年寿终正寝, 都算出来了。从那以后, 凡是遇到的考试, 了凡先生考取的名次, 确实都跟孔先生算的一模一样。

有一次, 出现了一个小的波折, 那就是孔先生给了凡推算,

在他补了廪生以后（这是秀才的一个等级，刚才讲的，廪生是吃
国家俸禄，这等于是我们现在说的公费生）他拿多少俸禄呢？
拿九十一石五斗的米（俸禄用米来折合、计算），就应该出贡，提
升为贡生了。结果他吃廪米吃了七十几石的时候，突然间有一个
屠宗师，是一位教育厅长，姓屠，这位屠先生竟然准备把他批准
成为贡生，这跟孔先生算的命运不一样，提前了，准备给他提前
补贡。所以了凡先生就有疑惑了，不是应该吃到九十一石五斗的
米，才会提升为贡生吗？怎么现在提前了？后来果然被一位代理
的提学，就是代理的教育厅长杨先生，把这个建议给驳倒了。不
准了凡补贡，结果他这次没办法提前。一直到了丁卯年，到了凡
三十三岁那年，当时的教育厅长叫殷秋溟，殷先生看到了了凡先
生的五篇文章，觉得写得非常好。他说这五篇文章就是五篇奏
议，就像是写给皇上的奏议，写得太好了，怎么竟然没有补贡？怎
么能够让这样一个学问深厚的人埋没于窗下？赶快去补贡，就把
了凡提升为贡生。结果一算，前面所吃的米粮，果然是九十一石
五斗米，跟孔先生算的是一模一样，一毫都不差。所以了凡先生
真的是彻底服了。所以经文上讲：

【余因此益信进退有命，迟速有时，澹然无求矣。

**贡入燕都，留京一年，终日静坐，不阅文字。己巳（公元
1569年）归，游南雍，未入监，先访云谷会禅师于栖霞山中，对
坐一室，凡三昼夜不瞑目。】**

到这个时候，了凡先生才彻底相信命运，真的是命里有时终须有，命里无时莫强求，强求也求不来。你该吃多少米，吃到什么时候，这都是命定的；什么时候发达，什么时候退休，都逃不过命运。所以他的心彻底地定了下来，不再妄求，因为他知道求也求不到，所以"澹然无求"。他补贡以后，就是当了秀才的最高等级，做了贡生，就应该到国家所办的大学去学习。那时候的国家大学叫国子监，在明朝有两个国子监，一个在北京，一个在南京。所以他先到北京去，当时把北京叫燕都，他在那里住了一年。在国子监留学的时候，他是终日静坐，也不看文字，真正是心灰意冷。知道人一生确实是命里有时终须有，命里无时任你如何努力也白搭。所以他连书都不看了，知道该升官就升官，该退休就退休，完全服从命运的安排，这是彻底的宿命论。等到己巳年，那年了凡先生已经是三十五岁了，他从北京又回到南京，在南京准备就读南京的国子监，那里也是大学。在还没有入大学之前，南京有一座栖霞山，这是佛教的名山，他就准备访问当时在山中修行的一位高僧云谷禅师。

结果，这位云谷禅师接待了他。当时云谷禅师是众人都知晓的一位开悟的大德，云谷是大师的名号，他的法名叫法会，所以我们叫他云谷会禅师。他是参禅的，是禅宗里面一位大彻大悟、明心见性的大德。这位高僧是十九岁出家修学，开悟之后，他韬光养晦，专门在山里修苦行，从不沾染名闻利养。后来被一些达官贵人发现，有这么一位有德行的高僧大德，于是都来向他请教，并且帮助复兴了栖霞道场。老人家在山上不担任任何的执事，只是躲在后山一个人迹罕见的叫天开岩的地方，在那里苦修。大师平时接待来访的客人，方法都很特别，来了客人一句话不说，丢个蒲团给你，就让你打坐，参父母未生前本来面目，他跟你对坐，到必要的时候，才开示你几句，点醒你。这种教学的方法非常特殊，确实云谷禅师是一位非常难得的大德。

了凡先生也是慕名前往，来拜访云谷禅师。从这里我们可以知道，了凡也一定是个学佛人，家里人可能也是信佛的，所以他就特别有善根。来到南京，路过栖霞山，他一定会来拜访大德。结果到了山上，在一个房间里，云谷禅师也是这样扔给他一个蒲团，就让他打坐，参父母未生前的本来面目，就让他参。大师也在那里打坐，两个人就在这一个房间里，面对面坐了三天三夜，一句话都不说。三天过去了，云谷禅师发现来的这个人不简单，他既不打瞌睡，也没有什么妄想，坐得很安定，所以这时候云谷禅师就发话了。要知道当人坐了三天三夜以后，身心完全定下来了，心定了之后老师才发话，才开始教学，这种方法确实是好。如果一个人他心浮气躁，心定不下来，你给他讲什么他都听不进去，左耳进右耳出。所以必须让他把心定下来之后才开始教育，这么一教，确实是帮助了凡先生转变了这一生的命运。我们来看经文，看云谷禅师是如何开示的。

【云谷问曰："凡人所以不得作圣者，只为妄念相缠耳。汝坐三日，不见起一妄念，何也？"

余曰："吾为孔先生算定，荣辱死生，皆有定数，即要妄

想，亦无可妄想。"

云谷笑曰："我待汝是豪杰，原来只是凡夫。"】

云谷禅师就说，凡夫之所以不能成为圣人，区别在哪里？就是因为凡夫有妄想，被妄念缠缚，跳不出妄念的束缚。圣人是彻底地放下了妄想。在佛门里讲的三条"妄想、分别、执著"，当把执著放下了，这就成了阿罗汉，小乘圣果；把分别放下了，这就是大乘菩萨；把妄想放下了，这就成佛了。所以凡夫和佛其实只有一个区别，就是凡夫有妄想、分别、执著，而佛没有。云谷禅师就对他说，我看到你打坐三天三夜，竟然没有起一个妄念，真好像和圣人一样了，你用的是什么功夫。了凡先生很老实，他说："我的命运都被孔先生算定了，荣辱死生，皆有定数，没办法改了，所以我想打妄想也没有用，因此就不打妄想了，没有妄念了。"你看了凡先生的功夫也很不错，平常人没这个功夫，都是妄念纷飞，但是了凡就不起妄念了，虽然他的妄念没有断，但是能伏住，为什么能伏住？因为他彻底明白了，"命里有时终须有，命里无时莫强求"，他对这一点深信不疑，所以他就有这种功夫，不起妄念。一个人能不起妄念，心就清净，他的受用就比平常人要好，因为他没有烦恼，一切都听从命运的安排。

了凡先生是一个中根的人，并不是上根人，如果是上根人，经云谷禅师这么一点他就会开悟，但是了凡并没有开悟，说明他还是凡夫。云谷禅师就因材施教，没有把最高的法门传授给他，就只传授给他什么？改造命运的方法。改造命运的方法确实就是断恶修善而已，真正能把断恶修善落实了，我们就能够改造命运，这每个人都能达到。

云谷禅师听到了凡先生的回答，哈哈大笑，他说，我以为你是英雄豪杰，好像是个圣人，听你这么一讲，原来你还是个凡夫。为什么是凡夫？因为他不明白"命由我作，福自己求"的道理，所以他是一个凡夫。但是他却是一个标准的凡夫，为什么说是标准凡夫？因为他的命运被孔先生算定之后，丝毫都没有改。如果是修善的人，他可以把命运改得更好；如果是一个造恶的人，他命中的福报都会被消减了，会愈来愈差。但是了凡的命运没有好转也没有变差，完完全全是按照命运所束缚的去走，所以我们称他是标准凡夫。

但是他的心很定，真正心定的人就能够接受善知识的教诲。所以这是一个难得的机缘，遇到了云谷禅师，为他开示了改造命运、重建美满人生的方法，这也说明了凡先生的善根、福德、因缘具足，并且很深厚。什么叫善根？是指他能够接受、能够明了善知识的教诲，他能懂，能够懂的人这是有善根。什么是福德？是对于善知识的教诲能够深信不疑，能够依教奉行，这就是有福德。

了凡先生听了云谷禅师的开示之后，他就依教奉行，所以他真的能改造命运，这是他的福德。如果对善知识的教诲你明了了，但是不肯去依教奉行，那你明了也没有用，说老实话，还是不明了；真正明了了，怎么会不做？这好比是一个人看见一包是黄金，一包是黄土，摆在面前任你选择，你可以选择拿一样，如果你真正明了，这是黄金，那是黄土，当然你会取黄金，不可能去取黄土。因为你真明了了，你才会真干；换句话说，不肯真干的，还是对圣贤教学、一些道理不明了，所以仍然要努力认真地去学习。听经闻法非常重要，它能增长我们的善根。听明白了之后真干，这就是有福之人。遇到了善于知识开示的云谷禅师，这是最好最殊胜的因缘，所以了凡先生真正是善根、福德、因缘三个条件具足了，他这一生命运就能改过来。那么我们继续来学习云谷禅师的开示，这一大段的开示非常精彩。了凡先生听到云谷禅师的大笑，就不明白了，你为什么笑我还是个凡夫？

【问其故？】

问云谷禅师什么原因，为什么笑我？

【曰："人未能无心，终为阴阳所缚，安得无数？但惟凡人有数；极善之人，数固拘他不定；极恶之人，数亦拘他不定。汝二十年来，被他算定，不曾转动一毫，岂非是凡夫？"】

这里云谷禅师说人假如没有达到"无心"，无心就是没有妄念，这个心是妄想心，没有妄想。如果一个人没有妄想，就是不起心不动念，那么"阴阳"就束缚不了他；如果我们还有妄念，就会被阴阳所束缚，那就有"数"了。你去算命看相，就能给你看的出来。为什么？你逃不出阴阳命数。阴阳命数怎么来的？就是你的妄念所生出来的，这个道理很深。

云谷禅师继续开示说：但惟凡人有数，极善之人，数固拘他不定；凡夫虽然有命数，但是如果是个极善之人、大善人，数也拘他不定，也束缚不了他。为什么？因为他的善业太大了，超过了他命中所应有的那些福报，所以你给他算命就算不准了，因为他这一生修的善太大了。"极恶之人，数亦拘他不定"，一个人如果造恶多端，哪怕是他原来很有福报，寿命很长，但是他可能到不了晚年，家道就衰了。为什么？造恶所产生的这些恶报，真是积恶之家必有余殃，所以他遭殃了，那么你给他看八字也就不准了。为什么？这是造恶得的果报。所以真是善恶报应都是在我们刹那的念头当中。假如我们念念都修善，都是纯善，那么我们也能达到改造命运，命数拘我们不定。假如是造恶，恶念纷飞，控制不住，原来有的福报也就大幅度地削减了。云谷禅师对了凡先生说，你从十五岁到今年三十五岁，这二十年来，命运被孔先生算定了，都没有转动一毫，没有一丝毫的改变，你说你是不是凡夫？

所以真正的圣人就是能转。《楞严经》上讲"若能转境，则同如来"。如来就是圣人，所以圣人他能转境界，命运就是我们的境界，他能改造。还有我们的面相，也能改。看看自己从小到大的照片，我的相貌是愈变愈好，还是愈变愈丑了？是愈变愈庄严，还是愈变愈难看？从面相中就可以知道我们自己的心态，相由心生！很多人说我的相貌跟小的时候比起来，大有不同。从小时候的相片看，我是一个非常冥顽不化的小孩，很愚钝，又很不开化的样子，但是通过父母的教化，老师的教育，相貌确实改了。这是为什么? 只要改心。现在学佛了, 心比过去善良, 比过去明白了, 这就是转变。当我们的心转变了的时候, 相貌也就跟着转。因为我是从今年一月份开始, 放下工作, 把在昆士兰大学的职务辞掉了, 不当教授了, 全职跟着恩师学习圣教, 学习讲经。有一位居士刚才还跟我讲, 几个月前, 看到过我演讲时的风度仪态, 和现在相比, 真是比以前有进步了, 这就是在转, 如果不肯转或者不会转, 云谷这里的笑话也就适合我了, 岂不是凡夫! 因为凡夫就不懂转, 转不过来, 圣人就能转变。所以我们要立志转凡成圣。了凡听了云谷禅师这一席话, 好像有点明白了, 就继续请教。

【余问曰;"然则数可逃乎?"】

这是了凡先生在问: 这样看来我的命数还能躲得过吗?

【命由我作, 福自己求。诗书所称, 的为明训。我教典中说:"求富贵得富贵, 求男女得男女, 求长寿得长寿。"夫妄语乃释迦大戒。诸佛菩萨。岂诳语欺人?】

云谷禅师回答得好。他说, "命由我作, 福自己求。"命运是谁去创造的? 不是上帝, 是由我们自己创造的、掌握的, 福也是自己求得的。假如我们真正了解了佛经里的教诲, 宇宙人生、十法界的依正庄严, 都是"唯心所现, 唯识所变", 那你就彻底明了这句话的意思了。这个"我"就是指我的心, 一切法由我心所现、我识所变，所以要改造命运就是改造我们的心，要求福就要先养自己的纯善之心。现在国家领导人提倡构建和谐世界，从哪里开始？也是由我心开始，真是"心净则国土净，心安则众生安，心平则天下平"，内心和谐了，世界才能太平。如果内心还有对人的对立、矛盾、冲突，这个世界怎么可能会太平？怎么可能会和谐？家庭也是一样，内心真正达到和谐，没有跟人对立、冲突的念头，家庭也就和谐了。所以样样都是要从内心当中求。

禅师讲的"诗书所称，的为明训"，"命由我作，福自己求"这两句话，是古圣先贤的教训；他们的教海"的为明训"，的确是真实的、智慧的教海。云谷说"我教典中"，这是讲佛教经典，因为禅师是出家人。"我教典中"，就是指佛门的经典里，说什么？"求富贵得富贵，求男女得男女，求长寿得长寿"，"有求必应"，这是我们常常在佛经里听到的。"佛氏门中，有求必应"，你求什么都能得到，关键是你是不是如理如法地求。如果说求富贵、求男女，世间人不也都是求这些？男女就是儿女，求富贵的，求儿女的，求健康长寿的，是不是说我去佛门里面上炷香，求佛爷给我们降福，这就能得到？我们看有的人得到了，有的人还是得不到，为什么得不到？是因为他不懂得如理如法求。这些都是福报，福报要从布施中得来。布施有三种：财布施、法布施、无畏布施。布施财得财富；法布施就得聪明智慧；布施无畏（就是为一切众生消除恐惧、消除忧虑、解脱痛苦，这是无畏布施）就得健康长寿。你要去做才行，不去做，光烧香磕头，然后回到家里该干啥干啥，还是造恶，没有存养自己的善念，当然得不到。所以真正如理如法地去求，你就能得到。

禅师继续说，"妄语乃释迦大戒。"释迦牟尼佛制定的戒律，最基本的五戒是：不杀生、不偷盗、不邪淫、不妄语、不饮酒。这五戒是佛家的根本大戒。妄语是根本大戒之一，就是指讲假话骗人，妄语是释迦牟尼佛制的大戒，怎么可能释迦牟尼佛自己打妄语？所以说"佛氏门中，有求必应"。佛这么说，就一定是千真万确的，佛是不会骗我们的。《金刚经》里讲，"如来是真语者，实语者，如语者，不诳语者，不异语者"。真正要相信佛菩萨的教诲，"诸佛菩萨，岂诳语欺人"，佛菩萨怎么会骗我们？

所以"命由我作，福自己求"，这是千真万确的道理，这个理很深。要知道一切法由心想生，假如我们存善心善念，自然就感应到善境界；存恶心恶念，就感得恶的境界，这个境界完全是我们一念心所变现出来的。境界停留的时间有多长？佛经里讲叫刹那生灭，停留的时间很短。我们这一念起来，佛经里打一个比喻，说一弹指有60个刹那，你看这一刹那的时间很短，一弹指大概是1/4秒，一弹指里就有60个刹那，一刹那当中就有900生灭，你想想这个生灭速度有多快。1秒钟里面这样去折算，将会有216000次的生灭，这个生灭速度太快，我们自己肉眼没有办法觉察。就像我们看电影，电影底片的前进速度很快，所以我们看到，好像影片里的这些人物都在连续地动作。其实它那是1秒钟换了24次底片，所以你就被迷惑了，看到那个人好像在连续地动作，相续相。那更何况是1秒钟里面216000次的生灭，等于一个画面在1秒钟里面，换了216000张相片，所以我们看到的这个境界是相续的相。我们怎么可能了解宇宙本来的面目是刹那生灭的呢？而且这个生灭前面一个相，我们说前面一张相片和后面一张相片，两张相片是完全不相关的，它们是分隔的两张相片。但我们在银幕上看，它们好像是连在一起了，那是为什么？速度太快了。是我们执著了前面那张相片，因而产生了一个念头，就变成了第二张相片。所以我们的念头是本体，它现出的宇宙就好比是相片一样。前面现一个宇宙，现出虚空法界，然后这念头一下子灭掉了，1/216000秒就灭掉了；然后第二个念头又起来了，也是1/216000秒这么短，第二个念头又现了第二个宇宙。所以前面一个念和后面一个念不相关，而前面一个宇宙和后面一个宇宙也是不相关的。

你真正了解这个道理就知道，要改造命运，怎么改？要在念头上来改。这是从根本上改。我们念头一换，把原来的恶念换了，变成善念，这一念善所现的宇宙就是善，这个道理很深。这是改造命运的原理，所以要从根本上来修，从念头上去改，才能够彻底改造命运。

现在的科学家也为我们证实了这个原理，真正发现心念确实是能够改变宇宙万物，比较相似地证明了《华严经》所讲的一切法由心想生的道理。日本的江本胜博士，他从事对水的试验，做了十年，做了多少万次的试验，发现人的心念、人的语言乃至文字可以改变水结晶的结构。我曾经跟恩师到江本胜博士的实验室去参观过，他的试验确实很简单。譬如说接两个试管的水，一个试管上面贴上美好的语言，另外一个试管贴上恶毒的语言。语言是心灵的符号，是思想的符号。就是给它加上好的和不好的意念,然后再进行冷却结冰,观察冰结晶的形象,把它用照相机照下来。结果贴着"真恶心、讨厌、我要杀你"这些很难看、很难听的恶毒的语言的水结晶的形象很难看,很恶心。右边的试管上贴着"爱、感谢"这些好的语言和心态而结成的水结晶,显然很美丽。这两个试管水是同一个水源出来的水,唯一不同的就是给它们加上了不同的语言、不同的心态,证明什么?证明人的心态确实能对水结晶产生影响。

江本博士还做了另外一个试验。在东京有一个琵琶湖,这个琵琶湖的水很肮脏,1997年7月,他们总共召集了350人,对这一湖水进行祈祷,用意念为污染的琵琶湖进行净化,结果发现祈祷之前的水结晶和祈祷之后的水结晶,完全不一样了,湖水在祈祷以后变得纯净了。所以他们的这种祈祷真正产生了作用,净化了琵琶湖。根据这个原理,现在江本博士提出,要改造地球环境的污染,起码是净化水资源方面,这是一个很好的做法,没有任何副作用,只是大家用美好、良善的心态去祈祷。

我们知道水如此,整个世界万事万物不都是如此吗?只要我们怀着一颗善良的心,对世界进行祈祷,我们就可以构建和谐世界。这也证明了佛在三千年前就讲出的道理,"一切法由心想生"。所以当我们遇到困境,命运坎坷的时候,不可以存有怨恨心,和恶的念头,也不能怨天尤人,要知道这都是过去的因果。如果我还起恶念,只会把我的命运变得更差,一切法由心想生!如果我们想让明天更好,就应该存着一颗善良的心,存着爱心、感恩的心;甚至感恩舍弃我的人,感恩鞭打我、折磨我的人,因为他们成就了我的德行，他们令我自立，是它提升了我的境界。当我们存着这种心的时候，当然命运自然就改了，而且当下就改了；你会觉得自己很幸福快乐，没有忧愁、没有忧虑，只有爱和感谢。大家看到，当下就改了。就像我们刚才所讲的，念头一换过来的时候，整个宇宙都改了，当下就改。所以关键是我们要用真诚之心，这是古圣先贤教导我们的真意。

了凡先生考取了秀才以后，补了贡生，从北京的国子监留学归来，到了南京，还没有进入南京国子监之前，先到栖霞山去拜访云谷禅师。他们在禅堂里对坐了三天三夜，禅师看见了凡先生竟然一个妄念都不起，所以就问他用的什么功夫？了凡先生很坦白地告诉禅师，说我的命已被孔先生算定了，所以也没有什么可打的妄想。结果禅师就笑着对他说，我原来以为你是英雄豪杰，其实你还是个凡夫。为什么？因为了凡先生还不懂得"命自我立，福自己求"的道理。换句话说，他还受命运的束缚，不能够像圣人一样，超越阴阳之外。所以禅师就给他开示。这一大段的开示非常精彩。了凡先生受教以后，就真正依教奉行，改造命运。

我们昨天讲到禅师的开示"命自我作，福自己求"。他特别引用了佛典所说的"求富贵得富贵，求男女得男女，求长寿得长寿"，真是"佛氏门中，有求必应"！我们就继续从这里开始学习，请看经文：

【余进曰："孟子言'求则得之'，是求在我者也。道德仁义可以力求，功名富贵，如何求得？"】

了凡先生听到云谷禅师的开示以后，还是有疑惑，他就问禅师，孟子言："求则得之，是求在我者也。"孟子说有求就可以得到的，那是因为求在于我，像道德仁义，是我可以求得到的，因为这个不受别人的支配，我可以增长自己的道德仁义，哪怕是在困境当中，也能够求得道德仁义。可是功名富贵如何求得？功名富贵是身外之物，它不是我自己能支配得了的，那怎么能求得到？我们来看看云谷禅师的回答：

【云谷曰："孟子之言不错，汝自错解了。汝不见六祖说：'一切福田。不离方寸；从心而觅。感无不通'求在我，不独得道德仁义，亦得功名富贵，内外双得，是求有益于得也。"】

这段开示可以说是本篇的点睛之笔。云谷禅师是一位真正开悟的大德，他给了凡先生点出来了。因为了凡是一位学儒的读书人，当然熟读孔孟的经典，所以他引用孟子的话，说道德仁义是可以自己求到，功名富贵是求不到的。这是了凡先生自己的理解。禅师说，"孟子之言不错"。孟子没说错，是你自己错解了孟子的真实义。错解在什么地方？这就是下面所说的"一切福田，不离方寸"。我们所求的功名富贵，都属于福报，福报是种了才能得到的。所以福田就是给我们种福的。福田在哪里？六祖说这一切的福田就不离开我们方寸之心。我们的心就是方寸大小，这是指我们的心地。只要在我们心地中去求福，就能求得到；道德仁义可以求到，功名富贵也能求到，长寿、儿女、一切的福报都能求到。所以禅师说"从心而觅，感无不通"。真正从内心中去求，一定能够感通。这个心是指我们的心性，我们的心性当中，具足万法。六祖惠能大师在《坛经》里面给我们说到，"何期自性，本自具足；何期自性，能生万法"。自性也就是我们的真心、本性，是每个人都具足的，每个人都有的，谁都不缺，佛有，我们凡夫也有，而且这心性也是十方三世诸佛的同一心性。像释迦牟尼佛是过去佛，阿弥陀佛是现在西方极乐世界的佛，虽然我们还没有成佛，还是凡夫，但我们是未来佛，这过去佛、现在佛、未来佛就叫三世诸佛，是同一本体、同一心性，这个心性里头具足万法。所以六祖说是能生万法。

功名富贵属于万法，儿女、长寿也属于万法，这些都能够求得到，关键是我们要懂得怎么求。"求"在这里最重要说的是通，"感无不通"，要通心性，才能求到。这个通就是贯通，贯通宇宙一切维次的空间。用什么方法来贯通？佛教导我们要用真诚心去贯通，正所谓"至诚感通"，真诚到极处就能贯通，就能通入我们的自性。

真诚，何谓真？真就是不妄，没有一点虚妄。何谓诚？清朝的曾国藩给诚下了一个定义，说"一念不生是谓诚"。当我们一个念头不生的时候，这就是诚了。换句话说，假如我们心里还有一个念头，不管什么念头，只要有念，那就是妄念，就不诚了。所以佛法教我们怎样恢复真诚，就是要把妄念放下，心里面不起心不动念。现在我们这些人真是凡夫，为什么叫凡夫？因为我们一天到晚打妄想，从早到晚妄念都不停。平时打妄念都不觉察，等到我们念佛的时候，或者读经的时候，才发现妄念真的是铺天盖地，止都止不住。念经、念佛的时候我们才能觉察，平时连觉察都觉察不到。所以我们怎么可能感通？我们怎么能明心见性？所以我们真正把这些妄念放下，就能够回归自性。

要放下妄念，第一步首先放下执著，把对一切人、一切事、一切物的执著放下。执著就是勉强用自己的意识，去控制、去占有，非得按我自己的意思行事，这就是执著。先把这个执著放淡，然后放下；再进一步把分别放下，一切的好坏、善恶、美丑这些分别心我们都要放下，对一切事一切物都不分别了，真正能够从心里面承认"人人是好人、事事是好事"。不管什么人、什么事都是好的，都是来成就我的，这样才能够把分别放下；然后再进一步提升，就是练不起心不动念，让自己的心像镜子一样，去面对每天的大小事情，就是练这种忍，忍住不动念头，一切都随缘。如果真正能做到这样，就回归自性了，你也就得大自在了。为什么？因为你真正见了性，整个宇宙就是你，你跟宇宙完全融成了一体，真的是得大自在。

所以禅师说"求在我，不独得道德仁义"。我能求到的，不单只是道德仁义，而且"亦得功名富贵"。因为这些都是我心性中本自具足的，我只要从我内心心性中求，这些都能得到。所以孟子说的"求有益于得"，那是什么？真正从心性中求，这就"内外双得"了，因为既得道德仁义，又得身外的功名富贵，这叫双得。这种求，就有益于得了。我们有时候就会问了，说我自己要求一些事情，到佛菩萨那里去求，可是求不到。为什么求不到？要知道，如果是求不到,那就是有业障,障住了你的所求。那怎么来改变这种局面?必须忏悔业障,把我们的业障忏除掉了,我们就能够得到。

什么叫忏除业障?就是改过自新。譬如说我们的行为有过错,就要把他改正过来;我们的思维、念头里面有恶的,要把这个恶转为善,这样去扭转,业障就消除了,断恶修善能够帮助我们回归自性,业障消除了,真的就是有求必应。所以我们从这里才知道,原来增长道德仁义和功名富贵的福报,不是两桩事情,是一桩事情,只要我们真正断恶修善,回归本性,这些都能得到。下面禅师继续开示:

【若不返躬内省,而徒向外驰求,则求之有道,而得之有命矣,内外双失,故无益。
因问:"孔公算汝终身若何?"
余以实告。
云谷曰:"汝自揣应得科第否?应生子否?"】

所以我们求,一定要懂得向心性内求,不是向外求,求人是很难的。古人讲"登天难,求人难"。你向外去驰求,这确实很难。在好多年前,至少是五年前,有一次我有幸跟着恩师去日本参加联合国教科文组织的一个会议,因为我当时在澳洲昆士兰大学任教,所以在旅途中,恩师就跟我提到,说在大学里面应该建立一个学佛社,让大学生们都能够有机会遇到佛法。当年我们恩师的老师李炳南师公，在台湾就办了一个大专学佛社，举办一些佛法的课程，结果那批学生出来以后，都成为佛法里属于中流砥柱的人物。所以培养人才要从年轻人开始。当时恩师给我这么一提，我自己就发愿，希望能在大学里面成立学佛社。虽然有了这个愿，但是不容易实现，因为不知道有谁愿意来学佛，所以我自己就从内心求，不向外求，我没有去拉拢人，没有拉大家一起做个学佛社。这确实很难做！我曾经也跟几位同学谈过，他们都表示不感兴趣，没有这样的人发心做。于是我每天做早晚课，回向的时候也回向这一条，希望我们大学早日成立学佛社，以弘扬佛法，利益大众，就这样回向了三年，终于有一批志同道合的年轻人愿意跟我一起做了。于是我们就开始每个礼拜开展教学课，讲《弟子规》，讲《无量寿经》，讲这些佛法，跟大家一起探讨。现在学佛社也正式成立了，虽然成立学佛社要经过学校批准，要有比较繁琐的一些手续，学校要求至少有七十个人报名参加，学佛社才能够成立，但是这些我们都顺利地过关了，通过这件事，才真正感觉到"佛氏门中，有求必应"。

如果现在还不应，那是因为自己有业障，或者是众生福报还不够，或者是福报还没现前。所以从心性中求，自己每日反省、改过、回向给众生，众生福报增加了，好事才得以成就，这样求也没有烦恼。如果是去求人，求大家一起来做，如果大家不答应，你不是生烦恼了？这叫"内外双失"了。所以懂得如理如法的求，这就真正"内外双得"。如果事情没有成功，要懂得返躬内省，是我自己德行不够，所以不能感通，也不能够感化人，才没有一些志同道合的人发心来跟我一起做事情，这是我的德行不够，我们要这样返躬内省，就能够"内外双得"。

如果是"徒向外驰求"，那么"求之有道，得之有命矣"，向外驰求这叫攀缘，就算是攀缘的，你求也要"求之有道"，这个道就是方法。确实，有很多过来的人求到了，当然他们有他们的方法。譬如说一些大富、长者、大财团的领袖，像Bill Gates（比尔·盖茨），他是Microsoft的老总，这个人大学都没有念完，退学以后自己做电脑软件，结果发达了，成为世界首富，人很年轻，现在才四十多岁而已，他的传记现在也出来了，很多人看了比尔·盖茨的传记，纷纷要效仿他。可是你也去这么做，按照他走的路去走，你就能够成为世界首富吗？我看不容易。为什么？"得之有命"。看你是不是有大富的命，如果你命里没有这个福报，你按照他的方法去求，你也求不到；如果你命里有这个财富，你才能够得到。

所以了解了这个情况，我们才知道求富贵、求福报，首先要懂得种因，不能够只看那个果。他所做的和他用一些方法去求，那只是一个缘，是他过去生中种了财布施的因，加上这一生用的方法，这是缘，因加上缘才能结果，他就得到了世界首富的这个果报。如果我们光用他的缘，而没有这个因，肯定不行！所以真正懂得如何种因，才能真正得到福报；否则的话就是"内外双失，故无益"。如果是徒向外攀求，而不懂得回归本性，不懂得种善因得善果，那么在内往往会失去道德仁义；如果不安守本分，甚至用一些不如法的方法去求，这就亏欠了道德仁义。在外，向外求，但是你命中没有这个福报，你怎么求都求不到，哪怕是你去偷、去抢，也得不到这个财富，为什么？命里没有，所以就"内外双失"了。这种人，我们称他作小人，他是真糊涂。所以古人讲"君子乐得做君子，小人冤枉做小人"。君子懂得如理如法的求就内外双得，"内得道德仁义，外得功名富贵"；小人反之，冤枉做了小人。下面，云谷禅师就为了凡先生开示改造命运的方法。前面告诉他根本的理论，改造命运要知道往心性中求。

具体的做法，下面就说出来了。禅师先问了凡先生，他说，孔先生给你算的命，到底算的怎么样？了凡先生就据实地报告，毫无隐瞒地说，我命中没有科第，也就是说考不上举人，考不上进士，只有个秀才的命，命中也没有儿子……了凡把孔先生给他算命的情况都向禅师报告了。禅师是一位非常懂得教育的人，也很有教育的艺术。在没有教导了凡先生改造命运的方法之前，先去问他、启发他。他就问了凡先生，说你自己好好想一想，你应不应该得到功名富贵，能不能考上科第，能不能生儿子？结果这么一问，了凡先生就回光返照了，过去从来没有想过这些问题，今天禅师这么一问，他就回头思考了。想了很久以后，他就对禅师说，我确实不应该得功名富贵，也不应该有儿子。为什么？因为得到功名富贵的人，他们都有福相，了凡先生自己反省，说他没有这个福相，什么福相？

【余追省良久，曰："不应也。科第中人，类有福相，余福薄，又不能积功累行，以基厚福；兼不耐烦剧，不能容人；时或以才智盖人，直心直行，轻言妄谈。凡此皆薄福之相也，岂宜科

第哉。"】

了凡先生很诚恳,真正剖析自己,找自己没有科第这个福相的原因。他说自己是薄福之相。我们说一个人他福分浅,这是有征兆的。怎么看他是福薄?了凡先生自己讲了六个方面:

第一个,不能"积功累行,以基厚福"。了凡先生说,在官场的人他们都是有福之人,为什么?因为他们能够"积功累行"。这就是《无量寿经》里面讲的"积功累德",《太上感应篇》所讲的"积德累功"。他们懂得积善积福,培养自己福报的根基。了凡先生做不到,他不能够培养自己福报的根基,不能够积累这些善行。中华传统文化儒释道三家,都是教导我们成圣成贤。这三家的根,也是我们"积功累行"的根,也是这里讲的福基,福报的根基。儒家的根在《弟子规》,道家的根在《太上感应篇》,佛家的根在《佛说十善业道经》,能够落实这三个根,真正去做到,才是有福之人,这个福的根基就厚了。了凡先生做不到这点,所以这是第一个薄福之相。

第二个,"不耐烦剧",就是自己不能够忍耐烦琐的事情。不耐烦、没有忍耐力,事情多了就急急躁躁,内心不能够平和,这就是没有福报。古人培养孩子的福报,从小就开始。你看《弟子规》里面"谨"这一篇,就是教孩子谨慎、耐烦做事。譬如"缓揭帘,勿有声",我们拉帘子要慢慢地拉,不可以咔嚓一下就拉起来;"执虚器,如执盈",拿着空的杯子就好像杯子里装着水一样,拿得稳稳妥妥,这是练我们的耐性;又譬如"宽转弯,勿触棱",

我们走路转弯,都要宽宽的转,不要触到棱角。譬如说桌子有棱角,你要是转得太急了,就碰到了桌子,又碰伤了自己的身体,碰伤身体这是不孝,"身体发肤,受之父母",不能够毁伤身体,又碰坏了东西。所以你看《弟子规》里就教导我们,如何去耐烦做事,这就是修养福报。了凡先生知道自己这方面做不到,所以就没有科第的福报。因为考取科第是要做官,做官的人就要耐得住烦剧,因为烦琐的事情很多。真正伟大的人,他做的事情都是很烦琐的,不是每天轰轰烈烈的。没有!就是每天做好平凡的小事,积累一生,才能成为伟大的人物。所以这个不耐烦剧,了凡先生自己反省,说他没做到。那我们自己也要想想,了凡先生的这些缺点,我有没有?如果没有,那很好,以后不能犯;如果有,那就赶紧改。真的是"以人为镜,可以知得失"。

第三个,"不能容人",这是第三个薄福之相。他不能够容忍别人,自己很容易发脾气,这是因为他心胸窄小,心量不大,所以容纳不了一些人和事。要知道人并非个个是圣贤,都会有犯错误的时候,我自己也是经常犯错误。看到别人犯错误,我们是不是批评他、指责他,不肯放过人家?责备人家责备得这么严,对待自己有没有这么严厉?古德所说的"正己然后化人",这也是《太上感应篇》所讲的"正己化人"。自己"正"了,先做好了,就自然感化别人,别人也就能做好。当我们看到别人做不好的时候,要反省自己,马上就返躬内省,是因为我没做到,所以不能感化他。只管修自己,不能够去指责别人,这样才是真正有德行。

第四个薄福之相,"时或以才智盖人"。他喜欢出风头,用他的才华、智慧，去压制别人。这是什么？也是眼光比较浅，所以他没有容纳他人的一种心量，所以自己有一点才华，就觉得自己了不起，不懂得谦虚，不知道山外有山，楼外有楼。他的这些才华、智慧，是不是真实的才华和智慧？不是！古人所说的"学问深时意气平"。真正有学问、有道德的人，他一定是处处谦虚，处处恭敬，绝对不会用才智去盖人，他这种才智，佛法里称为"世智辩聪"，不是真实的智慧。所以真正让人家服，不是在我们口头上，或者用我们的势力去压制人。《弟子规》上讲的"势服人，心不然；理服人，方无言"。有德行的人都懂得让人家真正佩服，心服口服，不是用我们的势力和才智去压制人家、损人家；而是真正让他明白道理，用我们的德行去感化他，这样他才能够服。

第五个薄福之相，"直心直行"。这个直心直行，不是佛经《维摩诘经》里面所讲"直心是道场"的那个直心。不是！那个直心是什么？是没有分别，没有执著，没有妄想，这种直心才是"直心是道场"。但了凡这里所讲的"直心直行"，是讲他任性，想说什么就说什么，想干什么就干什么不给人留面子，不考虑事情的后果，甚至"轻言妄谈"。

第六个，"轻言妄谈"。想说什么就说什么，想做什么就做什么，任性执拗，这是大毛病。说的话，一定要"三思而后言"；做的事情，也是要"三思而后行"。一定要谨慎，不能够轻率，特别是不可以轻率地讲别人的毛病，而显示自己的才华、能力。《太上感应篇》所讲的"不彰人短，不炫己长"。不能够去彰显人家的短处，不炫耀自己的长处；《弟子规》上讲"言语忍，忿自泯"。我们对人讲话,特别是在有矛盾的时候,言语要忍耐、柔和,愤恨自然就没有了。如果是轻言妄谈,想到什么就说什么,不经过大脑,就随便讲话,往往会跟人家结怨,所以这些都是薄福之相!当然,福薄就得不到功名,考不上科第了。

所以真正明白道理了,绝不会怨天尤人,自己想想就心服口服了。"岂宜科第哉",怎么可以得到科第。下面,他又反省"不应有子"的原因。他说:

【地之秽者多生物,水之清者常无鱼,余好洁,宜无子者一;和气能育万物,余善怒,宜无子者二;爱为生生之本,忍为不育之根,余矜惜名节,常不能舍己救人,宜无子者三;多言耗气,宜无子者四;喜饮铄精,宜无子者五;好彻夜长坐,而不知葆元毓神,宜无子者六。其余过恶尚多,不能悉数。】

了凡先生非常难得,把自己的过恶毫不隐瞒地说出来。为什么自己得不到儿子,他讲了六条原因。

第一个,"地之秽者多生物,水之清者常无鱼"。这是个比喻,你看大地虽然肮脏,但是它能够生育万物。如果水太清了,里头就养不了鱼,这也是比喻。了凡先生还说自己有洁癖,"余好洁",所以不能够像大地那样去生养万物,也就没有儿子。自己太爱好清洁了,清洁到有一点肮脏都受不了,可能因为这件事情,也跟家人有很多的不和。因为一个家庭里面,如果一个人非常好洁,动他一点东西他都受不了,稍微有一点的灰尘,一点的污染,他就发脾气，这种人很难相处。所以家庭想要和睦，就要懂得忍耐。家和万事兴，真正和睦的家庭才可能有后代。这是了凡说的第一条"余好洁"，就是他太爱清洁，就没有办法有儿子了。

第二个，"和气能育万物"。这是讲和，家里要有和气，和气才能够生育万物。但是，了凡先生说他善怒、爱发脾气。可能是因为家里东西脏了受不了，或者是在外面看人家不顺眼，也受不了。这种好怒、爱发脾气，换言之就是"贡高我慢，狂妄自大，目中无人"。这些习气，很严重，所以他就没有得儿子的这种福报。《弟子规》上讲"凡是人，皆须爱；天同覆，地同载"。你看看，天地能生养万物，为什么？因为天地有无私广大的仁爱之心，所以它能生养万物。我们希望生养后代，也要效仿天地"好生之德"，真正有广泛的爱心，爱护一切众生，我们自己才可以有后代。

下面讲的"爱为生生之本，忍为不育之根"，这是第三条原因。首先讲了一个道理，爱是指爱心，它是"生生之本"，一切万物都由爱心而产生。"忍"，在这里是指残忍。心地残忍，就没有办法生育万物了。了凡说"余矜惜名节"，我很爱惜自己的名节，爱惜到不能够舍己救人。可能当人家看到我们要救人的时候，他会说点闲话：你去救人，肯定是有利可图，你才去充当一个好人，爱名爱利。外面说闲话的人很多，真是好事多磨，你听到这话的时候就想：算了，他这么说我也就不去救人了。爱惜自己的名节，就不能够舍己救人，说老实话，这一种人就是自私自利。真正发出真诚心去救人的，哪怕是自己的名节受损也要去做。为什么？因为这是应该去做的。了凡先生做不到，所以就没有福报，这是第三个原因。

第四个原因，"多言耗气，宜无子者四"。这个人爱说话，"多言"就会损伤气力。所以《弟子规》上告诉我们"话说多，不如少；惟其是，勿佞巧"。我们讲话，话多不如话少，讲话一定是讲真诚的话，不要讲那些虚伪的客套话，甚至无谓的玩笑，无聊的话我们都不要去讲，真正少言才能养气。

第五个原因，"喜饮铄精，宜无子者五"。了凡先生爱喝酒，爱喝酒就会损伤自己的精神和身体。《弟子规》上讲"年方少，勿饮酒；饮酒醉，最为丑"。喝酒，酒醉了以后可能丑态百出，甚至会造做罪业，这是不懂得这个道理。爱好喝酒损伤精神体力。

第六个，"好彻夜长坐，而不知葆元毓神，宜无子者六"。这是说他晚上爱打坐，彻夜长坐，不肯睡觉。可能在那里坐着会胡思乱想，这样就损伤精神，不知道保护自己的元神。所以你看这后面三条讲的是精、气、神，多言耗气。"喜饮"就"铄精"，彻夜长坐就损伤元神。所以我们要真正爱护自己的身体，要懂得养精、气、神，少言以养气，少思以养神，少欲以养精。真正这样做到了，才能够保护好自己的身体，这也是孝。了凡先生给我们反省了六个无子的原因。最后说"其余过恶尚多，不能悉数"。除此之外，还有很多的过失都不能再细说了，这是了凡先生反省自己没有科第、没有儿子的原因，非常地诚恳，云谷禅师就给他开导。我们看经文：

【云谷曰："岂惟科第哉。世间享千金之产者，定是千金人

物；享百金之产者，定是百金人物；应饿死者，定是饿死人物；天不过因材而笃，几曾加纤毫意思。即如生子，有百世之德者，定有百世子孙保之；有十世之德者，定有十世子孙保之；有三世二世之德者，定有三世二世子孙保之；其斩焉无后者，德至薄也。"

汝今既知非。将向来不发科第，及不生子之相，尽情改刷。】

这一段的开示，云谷禅师在了凡先生反省的基础上，又跟他进一步地阐述，说岂止是考取功名科第而已？世间大富大贵的人，"享千金之产者"，我们说是千万身家的人，他们定是千金人物，有千金福分的人，才能担得起千金之产。如果是过去生中没有修福，这一生怎么可能有这个福报？虽然这一生有大福报，但是如果不好好惜福，甚至是糟蹋自己的福报，造恶业，这就是损减福报。不能够积德累功，就会把自己前生所积的福报很快地消减殆尽，也担当不起这个千金之产。所以我们看到很多的富贵人，富不过三代，不要说三代了，现在保到晚年的都很难得。原因就在于不懂得惜福，任意地造恶，糟蹋自己的福报。所以千金人物才能担当得起千金之产。"享百金之产者，定是百金人物；应饿死者，定是饿死人物。"所以一个人这一生有多少福分都不是偶然的，都是过去修的善因，这一生有善缘就得到善果；如果过去是修恶因，没有福报的，这一生注定是饿死的。他是命里定的，没办法改，所以完全是自己自作自受。又说"天不过因材而笃"。这个笃就是真实不虚！天道很公平，它绝对没有私心，善绝对有善报,恶绝对有恶报,"善恶之报,如影随形"。所以老天爷非常公平,它都是按照一个人的福分多少,而分配给他该有的福分。

"几曾加纤毫意思",这都是自然感应之理,因果的报应丝毫不爽,哪里有丝毫成见在里面?老天爷没有任何的私心杂念夹杂在当中。所以这一句是至理名言,我们应该常常去念这一句"天不过因材而笃,几曾加纤毫意思"。反复玩味,才能够真正明了宇宙之间自然感应的道理。

禅师又开示说,"即如生子,有百世之德者,定有百世子孙保之。"你希望后代绵长,能够有百世来保你的家业,那么你自己要有百世之德。有百世德行的人,才会有百世的子孙来保持他的家业。你看看历史上享国最长的周朝,八百年。这八百年的基业,就是因为开国的天子都是圣王,周文王、周武王、周公,他们都是圣人,他们真是毫无私心,以天下为公,所以他们才有八百年的享国。我们中国历史上,子孙代代不衰的是孔老夫子,他的第八十代孙子都已经出世了,仍然得到世人的尊敬。为什么?因为孔老夫子积的德行太厚了,完全是以真诚爱心、大公无私、有教无类,从事教化众生的工作。所以真正最大的积德就是教化。所以我们希望这一生乃至生生世世都能得福报,要修这个福。

修福最大的就是弘扬圣教,把中华传统伦理道德教育、圣哲的教育发扬光大,这个德就积得厚。要弘扬圣教,最根本的就是自己要落实、要做到。你看普贤菩萨讲的供养,"诸供养中,法供养最"。以法做供养,这是一切供养当中最殊胜的,而法供养里面第一条就是"如教修行供养",自己真正依教奉行,做到古圣先贤的教诲，这才是积厚德、累大功。"有十世之德者，定有十世子孙保之。"你看看我们宋朝的宰相范仲淹他的功德也很厚，后代到了民国依然很旺盛。这都是为我们说明，完全都是因果，没有丝毫的意思夹杂在里面。"有三世二世之德者，定有三世二世子孙保之；其斩焉无后者，德至薄也。"所以看我们的德行有多厚就会有多长远的后代。如果是没有儿女后代的，自己就要反省一下，这个德太薄了。

所以云谷禅师举这些例子来说明，就是为了教导了凡先生，针对自己的缺点，反求诸己，改过自新。禅师劝导了凡说，你现在已经知道了你的过失，知道为什么不发科第，不生子了，只要把这些薄福之相统统改掉，把它去除，你就有福了。所以禅师劝导他：

【务要积德，务要包荒，务要和爱，务要惜精神。】

这里的"务"就是一定。提醒他一定要"积德"，一定要"包荒"。"包荒"就是拓开心量，包容别人，包容一切。我们的心量有多大，福报就有多大，这个福报是随着我们心量的扩大而扩大的。佛经里面教导我们"心包太虚，量周沙界"。这样的福报是通心性的，真正把心量扩大到尽虚空遍法界，我们的福报就遍虚空法界。"务要和爱"就是一定要跟人和谐，一定要有仁爱之心。这都是了凡先生自己反省的缺点，就要把它改过来。他不能够和气，不能够去舍己救人，现在要改过来，要和、要爱。

"务要惜精神"，了凡先生爱喝酒，伤自己的精力，爱彻夜常坐，晚上不睡觉。他不睡觉也不是说参禅打坐。佛门里有练不倒单的，不倒单那是什么？真正有功夫，心地清净的，他不需要那么多睡眠，所以晚上可以不睡觉。如果我们妄念很多、心不清净，还要拼命练不倒单，那就会损伤精神。与其坐着在那里打瞌睡，不如躺着睡舒服。所以要懂得"惜精神"，爱惜精神。真正把自己的过失改正过来，重新做人，就能改造命运。云谷禅师告诉他：

【从前种种，譬如昨日死；从后种种，譬如今日生。此义理再生之身也，夫血肉之身，尚然有数；义理之身，岂不能格天。】

把以前的那些过失都改过来，就好像昨天的人已经死了，那些过失、毛病统统放下；今后的种种，把缺点、过失改正了，重新做人，就好像今天出生，变成一个新人了，重新建造我的幸福人生，这种叫作"义理再生之身也"。能够真正发大愿，断恶修善，破迷开悟，转凡成圣，修养自己，服务社会，服务众生，这就是用愿力把自己的业力改变过来，这就叫作"义理再生之身"。你就不再是自己这个血肉之身，血肉之身是受业力支配的，当然活在阴阳命理束缚当中。为什么？因为我们有私心、有杂念，有自私自利，有名闻利养，有五欲六尘这些贪图、享受，所以逃不过命运的束缚，受业力的支配。现在完全把这些放下了，不再搞自私自利，不再贪图名闻利养、五欲六尘的享受，把我整个身心献给社会，献给众生，全心全意为人民服务。这样就是愿力改变了业力，你就成了"义理之身"。

所以"义理之身"和血肉之身的区别就在于我们还有没有私心。如果还是自私自利，当然你就受业力支配；放下自私自利的人，这就是佛门所讲的"乘愿再来"之人，他就是"义理再生之身"。他已经完全跟他的业力脱离关系，业力没有办法束缚他了，他这一生真正了生死、出三界了。禅师继续开示说：

【太甲曰："天作孽，犹可违；自作孽。不可活。"诗云："永言配命，自求多福。"孔先生算汝不登科第，不生子者，此天作之孽，犹可得而违。】

这是禅师引用古训中所说的，"太甲"是商汤的孙子，商朝的一位皇帝。他曾经也是作恶多端，后来受到了贤臣伊尹的教化，改造自我，重新做人。这句话是太甲对伊尹的感恩之言，他说"天作孽，犹可违；自作孽，不可活"。天做的孽是什么？就是我们说的自然灾害，自然灾害是可以避免的，像地震、海啸、火山爆发等等，这是天作之孽，包括我们自己的命运，生来就有八字了，是天生就有的，这些都是"天作之孽"，都是可以改变的。怎么改变？用我们的心去改，真正断恶修善，自净其意就改变了。所以佛法里讲"依报随着正报转"。天作之孽，一些自然灾害，譬如现在全球的温室效应，这是自然的灾害。其实你想想，这些自然灾害的根本是什么？是人为的，没有纯自然的灾害，都是我们人为的灾害，人不爱自然，用自私自利破坏自然，才感得自然灾害遭到自然的报复。所以要改变天作之孽，就要改变自己的心，这才能做得到。

"自作孽"就不可活了，假如自己不肯改，还随顺自己的自私自利、贪嗔痴慢，那么就没有法子了，无法避免受恶报。所以禅师引用《诗经》上的话，"诗云：永言配命，自求多福"。这个"永言"就是我们所说的常说、常言道，古圣先贤都这么说的。说什么？"配命"，配就是匹配，命就是天命。这句话就是说要与上天的心匹配，上天的心是什么？"上天有好生之德"，天的德是仁爱，我们的存心也是仁爱，也是"凡是人，皆须爱；天同覆，地同载"。这就跟天心相匹配、相契合了。人心同天心，这就是自求多福，福报自然就会现前，所以福报要从内心中求，"一切福田，不离方寸"。禅师告诉了凡说，孔先生算你不应该有科第，不应该生子，这都是天作之孽，都是可以避免的，也都是可以改变的；但是如果你自己不肯改，那就没办法了。所以禅师说：

【汝今扩充德性，力行善事，多积阴德，此自己所作之福也，安得而不受享乎？】

这句话是说，你现在明白了"命自我作，福自己求"的道理，就赶紧扩充德性，积功累德，力行善事，努力地去做善事，多积阴德。做的善事里面，有的是阳善，有的是阴德，阳善就是你做的善事大家都知道，都赞叹你，甚至报纸也要把你的这些善事报道出来，这种善叫"阳善"，你得了好的名声，大家都知道你是个大善人，那你的福报就报掉了，后福也就没有了。阴德是别人不知道你做了善事，你做了善事却没有人知道，这叫"阴德"。真正有阴德的人，才会后福无穷。所以我们做善事不要求人家知道，不要为别人报道、为了让别人知道才去做。如果有这种心，本身就不善，为什么？还好名，名闻利养都还没放下，这是以恶心去行善事，他能得什么福报？所以真正有德行的人他懂得修阴德，懂得韬光养晦，甚至躲到深山老林里面去修行，等到有因缘的时候才出来为大众服务，古人讲"闭关"。我们恩师一直希望招收十个学生，闭关十年，不在外面抛头露面，真正韬光养晦，成就自己的德行学问，为将来和谐世界做大贡献，为传承中华传统文化做大贡献。真正发心这么做的人，才是真正积阴德，他的阴德也才积得厚。禅师继续开示，说：

【易为君子谋，趋吉避凶。】

"易"就是《易经》。《易经》上讲，教人趋吉避凶，就是要懂得如何得到吉祥，如何避免凶灾，这就是"趋吉避凶"，《易经》教我们做君子。君子是什么？大公无私的人是君子，懂得修养德行的人是君子。所以君子用《易经》来衡量自己、参考自己，看到自己命运不够好，知道这是自己过去生中做得不够，善因不够圆满，或者是有恶，这一生才会有这个报应，所以他不会怨天尤人，他只会什么？改造自我，断恶修善，就自然趋吉避凶了，这种人是君子。如果是算了命，看到命不好，说走北方不吉，你就偏偏走南方，这是在果上去改，能不能改得了？改不了。这种人不是君子，因为他不懂得反求诸己。《易经》不是为这些人来谋划的，《易经》是儒家十三经之一，是圣典，怎么可能教我们搞这些宿命论？他是让我们了解自己的命运以后，好好地改造，这样才是根本上的趋吉避凶。所以你看下面，如果说：

【若言天命有常。】

命运改造不了，了凡先生有这个疑问，命运可以改造吗？禅师说如果命运改造不了，那何来讲"趋吉避凶"？

【吉何可趋，凶何可避？】

这句话不是等于废话吗？《易经》上这么说，正是说明天命是可以改造的，我们是可以重建美满人生的。所以你看《易经》这个易字讲的就是转变，说明万事万物都是可以转的。怎么转？从心转，因为心是根本，是宇宙万物的本体。从内心中转、内心中求，才能有效果。所以我们这样来学《易经》就懂了，原来《易经》也是教导我们进德修业，不是搞宿命论。《易经》：

【开章第一义，便说："积善之家，必有余庆。"汝信得及否？】

　　余信其言，拜而受教。因将往日之罪，佛前尽情发露，为疏一通，先求登科，誓行善事三千条，以报天地祖宗之德。

　　云谷出功过格示余，令所行之事，逐日登记，善则记数，恶则退除，且教持准提咒，以期必验。】

　　了凡先生是个读儒书的人，当然他曾经也读过《易经》，儒家十三经，读书人都会读的。所以禅师就用《易经》上的话来开导他，《易经》开章明义第一句话就告诉我们"积善之家，必有余庆；积不善之家，必有余殃"。这是讲因果的道理，不仅仅是道家、佛家讲因果，儒家也讲因果，也承认因果报应，所以真正善人的家庭，就必定有善福。这个庆就是福庆，是说他真正有后福。这样看来了凡先生读儒书还没有读通，改造命运的方法，他还不能彻底明了，还不能够深信不疑。禅师这么一点化，"汝信得及否"，你真能相信吗？所以这么一问，确实让了凡开悟了，虽然不是大彻大悟，但是至少在这一点上开悟了、明白了，真正明白命运是可以改造的。所以他信其言，真正产生了信心，立志要改造自我，重建美满人生。

　　之后，他就把自己过去所犯的过失、罪业，在佛前诚心忏悔、发愿改过，还写了一篇文章，立志改过自新，首先求登科第，求考上举人，考上举人的目的，是为了报祖宗、天地之德。所以不是完全为自己，是为了什么？为了光耀门楣，这是一种孝心。他发愿修三千件善事，用这个来回向自己的愿望得以实现。这种发露忏悔是改造命运的开始，《弟子规》上讲："过能改，归于无；倘掩饰，增一辜。"我们有过失，不要怕发露忏悔，不要怕被人看见，真正肯改过，这个过失就会改掉；如果要掩饰自己，怕被别人知道，就又增加了一条过失。所以了凡先生真正觉悟了，发愿改过，这真是很难得，孺子可教也。

于是云谷禅师拿出一本功过格交给了凡先生，把功过格介绍给他，并告诉了凡先生，每天把自己做的善事和恶事，都登记在功过格里面，把善事记录下来以后，如果说又做了恶，就要把一条善事给去除，以过折功，看看一天下来，到底有多少功剩下来。而且还教他念"准提咒"，这是佛门的咒语，念"准提咒"来加持自己，让自己做善的效果更加灵验。禅师教了凡先生念咒，目的是让他把妄念减少。在念咒的时候，身心清净，不起妄念，把注意力和所有的意念都集中在咒语上面，这样效果就会更好。第一，可以帮他恢复精神元气，因为了凡先生不懂得爱惜精神，每天思考得太多了，还彻夜常坐，通过念咒，可以帮助他放下这些思虑。第二，真正想改造命运，就要懂得，从无思无虑处去感格。真正通自性，才是彻底的改造命运。要通自性，必须先要放下我们的思维和我们的起心动念，不思不议才能够感通。

懂得了这个道理，其实我们念佛也是一样的。所以改造命运，除了做善事以外，还要念佛，念佛的时候关键是不起妄念，用一句佛号把我们的妄念给压住，当我们的妄念起来的时候马上就能觉察，然后用一句"阿弥陀佛"把它压下去，把自己的注意力集中到佛号上，不要被这些妄念牵着走。禅师告诉了凡：

【语余曰："符箓家有云:'不会书符,被鬼神笑。'此有秘传,只是不动念也。"】

这里是讲画符的符箓家,通常是指道家的人士。他们画符能不能够灵验?这里面有学问,如果不会书符,符不会画,就会被鬼神耻笑。这个学问是什么?"此有秘传,只是不动念也"。所以画符的关键在于不起心不动念,把所有的妄念统统放下,这是画符真正的秘传,不在画什么符,关键是不起心动念。禅师接着说:

【执笔书符,先把万缘放下,一尘不起。从此念头不动处,下一点,谓之混沌开基。由此而一笔挥成,更无思虑,此符便灵。】

这是画符的真传。他说,当我们拿起笔来准备画符的时候,先把我们的妄念统统放下,然后在一尘不起的时候,念头不动、注意力高度集中,这"下一点"就叫作"混沌开基",那么这一点,就是点到了自性。道家讲的"道可道,非常道;名可名,非常名"。这个真道、常道不是用我们的思虑、语言去达得到的,要把这些统统放下,也就是佛家讲的不执著、不分别、不妄想,那么下这一点就叫"混沌开基"。这个混沌就是宇宙原本、最初的状态,就用这一点去开,也就是说如何通自性?用不起心不动念,然后"由此而一笔挥成,更无思虑",这一笔划下来都没有一个妄念,这个符就很灵。所以灵不灵的关键,就在于我们能不能做到不起心不动念。

画符如此，念佛也是一样的道理。我们念这一句阿弥陀佛，关键也是在于不起心不动念，这个念佛就灵了。什么叫灵？就是跟阿弥陀佛感通了。我们要求生西方极乐世界，极乐世界是法性土，心净则国土净。如果我们念佛的时候夹杂着很多妄念，甚至还有分别执著，还有跟人家计较的念头，还会念念想到谁对我不是，谁又说了一句不好的话冒犯了我，这些人我是非还夹杂在佛号里头，就不灵验了。古人讲"喊破喉咙也枉然"，这样念佛就是念几十年也没有办法感通，所以念佛的关键就在于"不夹杂、不怀疑、不间断"这九个字，这是我们恩师传下来的箴言。这样念佛就能够跟极乐世界阿弥陀佛感通。所以禅师说：

【凡祈天立命，都要从无思无虑处感格。】

"感格"就是感应。跟什么感应？跟心性感应。宇宙一切万法，包括我们的福报、我们的命运，都是"唯心所现，唯识所变"。所以真正能够跟心性感应，这样改造命运，就改得彻底。那怎样感应？"要从无思无虑处感格"，就是我们要把我们的妄念放下，用真诚之心，所谓诚则灵，这个诚就是一念不生，不诚则无物，所以改造命运关键是要有这种真诚之心。下面禅师又说：

【"孟子论立命之学，而曰：'夭寿不贰。'夫夭寿，至贰者也。当其不动念时，孰为夭，孰为寿？"】

孟子讲的立命之学，讲到"夭寿不贰"。这个"夭"就是夭折、短命；"寿"就是长寿。短命跟长寿是一不是二。你看孟子所说的，跟佛法里讲的不二法门相应。所以我们想孟子也是圣人，可能都是佛菩萨再来的。为什么说"夭寿不贰"？当我们没有分别的时候，不分别短命跟长寿，这不就等于不二了？短命不会为之悲伤，长寿不会为之欢喜，这是以不分别之心对待我们的命运。他说"夫夭与寿，至贰者也"，短命跟长寿区别是最大的，"当其不动念时，孰为夭，孰为寿"？如果我们不起分别的念头，心里面没有对立，那么你看谁是夭、谁是寿？短命和长寿又有什么区别？实际上短命跟长寿，确实是我们人为那种虚妄的分别产生的概念。

所以禅师说：

【细分之，丰歉不贰，然后可立贫富之命；穷通不贰，然后可立贵贱之命；夭寿不贰，然后可立生死之命。】

这是用孟子所说的"夭寿不贰"来开解，细细地去推演，丰歉也是不贰，丰就是丰收，歉就是歉收。就是说丰富和缺乏也没有分别，是你自己的妄念在分别。当我们不分别、不执著的时候，丰歉就不二了，真正有这种"丰歉不贰"的境界了，然后可立"贫富之命"，你就能够立贫富的命了。为什么？贫富对你都不影响，你的命运你就可以自己掌控了。怎样才叫作立"贫富之命"？就是贫者安于贫，富者安于富。我贫穷，我就安在贫穷上面，我也很快乐；富贵的人安住在富贵里面，他也很快乐。像孔老夫子的弟子子贡是一个富人，他很富有，他也很快乐。而颜回很清贫，你看《论语》上讲的"一箪食，一瓢饮，在陋巷，人不堪其忧"，讲的就是颜回，孔老夫子赞叹他，说"回也不改其乐"。他吃饭连碗都没有，就用一个竹子编的篓来做饭碗，喝水的时候拿个葫芦瓢来喝，居住在陋巷里头，别人没有办法忍受这样贫贱的生活，但是，孔老夫子却赞叹颜回说"回也不改其乐"。所以在子贡和颜回的眼中也是"丰歉不二"，他们都得到了快乐，这是真实的学问。

那么"穷通不贰，然后可立贵贱之命"。假如我们对"穷通"不分别了，就是我们的人生是困境重重，还是很顺利？这个都不要去想，不要去分别，这样就能立"贵贱之命"。

"夭寿不贰，然后可立生死之命。"对于短命和长寿都不分别了，就能够立生死之命，也就是佛门讲的入不二法门。所以这种人真正才叫作知天命，孔老夫子五十而知天命，他明了了宇宙人生的真相，他就活在快乐当中了。所以：

【人生世间，惟死生为重，夭寿，则一切顺逆皆该之矣。】

云谷禅师跟了凡说，人生在世，看死生这个区别是最重要的。如果说夭寿、死生都是不贰了，那么一切的顺逆境界都包括在内了，"该"就是包括。所以在顺境当中不起贪爱，在逆境当中不起嗔恚，人家来伤害我、欺骗我，甚至遗弃我、陷害我，我都能够常常怀着感恩的心对他。

感恩伤害你的人，因为他磨炼了你的心志；感恩欺骗你的人，因为他增进了你的见识；感恩鞭打你的人，因为他消除了你的业障；感恩遗弃你的人，因为他教导了你应自立；感恩绊倒你的人，因为他强化了你的能力；感恩斥责你的人，因为他助长了你的定慧。所以永远生活在感恩的世界里面，这样才是真正立命的学问。

了凡先生遇到云谷禅师，禅师为他开示"命自我立，福自己求"的道理，而且告诉他怎样断恶修善、改过自新，重新去营造自己的人生，而且要懂得不分别、不执著，用孟子所说的"夭寿不贰"这种理念来解释"立命之学"。禅师继续告诉他：

【至修身以俟之，乃积德祈天之事。曰修，则身有过恶，皆当治而去之；曰俟，则一毫觊觎，一毫将迎，皆当斩绝之矣。到此地位，直造先天之境，即此便是实学。】

禅师这里也是引用孟子的话，因为古代的读书人都读四书五经，所以对孟子说的话，他们都非常熟悉。在此，我们可以看出，禅师教化人是很懂得用善巧方便的。"俟"就是等待的意思，这种等待绝对没有任何的攀缘，真的是要水到渠成。所以孟子说"修身以俟之"，告诉我们时时刻刻修养自己的品德，等待机遇的到来，也正是我们平时所说的"只问耕耘，不问收获"。这里的"将迎"，就是指念头里有起心动念、有攀缘心。所以做真实的学问，要懂得存养自身的功夫，以等待机遇到来，这是"积德祈天"之事。所以要改造命运，就要懂得积德。"曰修，则身有过恶，皆当治而去之。"这个"修身而俟之"，这里有两个关键字，一个是"修"，一个是"俟"。什么叫修？就是身有过恶，自己有的一些习气毛病要永远地断除。治就是对治，去就是去除，对自己的习气毛病不能有半点姑息，这是真正修身。没有任何侥幸、非分之想，这就是俟。"曰俟，则一毫觊觎，一毫将迎，皆当斩绝之矣"。俟就是等待，没有任何攀缘。"觊觎"和"将迎"都是指非分之想，起心动念都是向外攀缘，把这些念头都要斩绝之，完全让自己的心地清净。"到此地位，直造先天之境"，果然能够达到这样的一种功夫，那么自性的性德自然就流露出来了。"先天之境"讲的就是自性。回归到自性里，要懂得自性当中能生万法，那时候才真正彻底改造命运，这就是入了佛菩萨的境界，这种学问才叫实学。

什么叫实学？真正放得下。把恶业放下，就是修身；把起心动念放下，就是俟、等待。孟子说得好，"学问之道无他，求其放心而已矣。"这个放心就是把放出去的心给找回来，把那些妄念分别执著收回来、断除干净，这才是真正的学问，而不是搞学术。我们恩师讲经时常常提到学儒和儒学、学佛和佛学不一样。如果只是学知识、做学术的研究，没有真实地去落实，不肯放下，那就叫儒学、佛学。你可以拿博士论文，你可以当教授、当知名的学者，但是还是没有真实的学问。真实的学问是要我们放下，放下了才能入境界，才能够得大自在，对于现在我们社会的问题，也才能够真正圆满地解决。我们现在看到世界那么乱，天灾人祸频繁,想要真正解决问题,必须要有实学的人出来。现在想要培养实学的人,就需要有真正发心的仁人志士、年轻人,他们真正想要"为往圣继绝学,为万世开太平"。求真实学问的方法有,我们恩师把这种构想都讲得很清楚,就是把儒释道三家的根落实。《弟子规》、《感应篇》、《佛说十善业道经》,这是儒释道三家的根,先要把它们落实,真正变成自己的生活行为,然后一门深入,长时熏修,十年寒窗苦读、勤学,这样才能够开悟,也才是实学。所以真正发心的人就要懂得"修身以俟之",真正用十年的时间把心安下来,修养自己的德行、学问,等待将来为众生服务。接着,禅师继续给了凡先生开示:

【汝未能无心,但能持准提咒,无记无数,不令间断,持得纯熟,于持中不持,于不持中持,到得念头不动,则灵验矣。】

　　了凡先生跟我们一样,都是凡夫,所以还做不到无心。这个无心就是没有妄念,没有妄念就是圣人。我们还做不到无心,就要先从第一步做起,就是先控制妄念,把妄念能够压住,虽然还不能断掉,但能够伏住,这功夫就不简单了。用的方法,云谷禅师教的是持咒,"持准提咒"。持准提咒或持其他咒语,关键也是在于无心无念,把一切妄念统统放下,把注意力集中在咒语上面,这跟念佛的道理是一样的。我们念佛的人不必持咒,因为念的这一句佛号本身就是无上咒。所以我们念这句阿弥陀佛,要懂得控制住自己的妄念。用的功夫,禅师教导他用"无记无数,不令间断"。无记无数是让了凡先生不要记数，把心完全专注在咒语上面，心就能够清净。但是刚开始，如果无记无数可能很难控制妄念，怎么办？你还是要记数。我们拿一串念珠，这一串念珠，一百零八颗，你掐一颗珠子就念一句佛号，或者是念十句阿弥陀佛掐一颗珠子。这个记数，是每天要有固定的功课，譬如说刚开始，可以一天念一千或者是两千佛号，慢慢增加到一万、二万、三万。通过记数就能把心专注，等到心真正清净了，几年以后发现妄念真是少了，这个时候你就可以不记数，就可以随时随地的去念，走路、吃饭，不管做什么事情，只要不动脑子，就把佛号提起来，因为以前你记数的时候，佛号念得都很习惯了，所以容易提得起来，到最后，连睡觉都不会间断，"不令间断"，妄念自然就不生了。

念佛的功夫贵在不怀疑、不夹杂、不间断。心里不能有怀疑，首先不可以怀疑自己，相信自己本来是佛，不过因为现在还是受业障习气缠缚的一尊佛，那我们用念佛就可以把这些业障克服。另外，对阿弥陀佛不怀疑，相信念佛一定感应阿弥陀佛威神和愿力加持。真的是一念相应，我们自己就是一念佛，念念地相应就念念是佛。不夹杂就是不夹杂其他妄念，有妄念的时候马上把念头移到佛号上，不管那些妄念，妄念自然就熄灭了。你愈去管它，它就会愈多；不理它，这些妄念就愈来愈少。不间断地念佛，做到这样，功夫持得纯熟了，就能达到"于持中不持，于不持中持"。我持念这句佛号，念得很熟很熟，一天到晚二十四小时，佛号都不间断，即使是口里没念的时候，耳朵里都能听到佛号，心里还是有佛号一个节拍一个节拍的这样，就好像我们的呼吸一样。呼吸，大家想想看，你工作或者做事情，甚至睡觉的时候呼吸都从不间断，它是自然的，甚至你动脑或者不动脑的时候，呼吸都不间断。当我们持得纯熟的时候，这个佛号就像呼吸一样，自然就是一句一句的接下去，这个功夫就到家了。达到"持中不持、不持中持"，就是念佛与不念佛合一了，这也就是入不二法门了。所以这个功夫要慢慢地用，先是记数，然后是无记无数，最后达到"持中不持、不持中持"。

"到得念头不动，则灵验矣。"当我们能够真正把这句佛号提起来，降伏了所有的妄念，我们的真心本性就现前了，这就叫"灵验"。诚则灵，验就是有效果、有感应，真正做到了"至诚感通"，跟自性感通了。

当了凡先生听完云谷禅师教导他立命的这一段精彩开示以后，他算是开悟了，真正明了原来命运是可以改造的。于是发心从今以后改造命运，不做凡夫了，他要做改造命运的圣贤人。于是，他开始了第一个举动，经文上讲：

【余初号学海，是日改号了凡；盖悟立命之说，而不欲落凡夫窠臼也。】

第一个动作，改自己的名号，原来号"学海"。学海意思是博学，学的东西很多。一方面看出了凡是个很好学的人，另外一方面也知道了，他一定是一个贡高我慢的人，所以才称自己是学海。

现在他改号"了凡"，就不再想做凡夫了。名号就是提醒我们的，当别人叫我们这个"了凡"名号的时候，我们就要醒悟，不能再做凡夫了。所以改名的作用是在于提醒自己。"盖悟立命之说，不欲落凡夫窠臼也"，他真正悟了、明白了，不想再做被命运束缚的凡夫。这个"窠臼"就是鸟窝，不想再在凡夫的窝里待下去了，他想要做圣贤。请看下文：

【从此而后，终日兢兢，便觉与前不同。前日只是悠悠放任，到此自有战兢惕厉景象，在暗室屋漏中，常恐得罪天地鬼神；遇人憎我毁我，自能恬然容受。

到明年(公元1570年)礼部考科举，孔先生算该第三，忽考第一；其言不验，而秋闱中式矣。】

了凡先生自从明白了"立命之说"以后，他就立志改过自新。可知要改造命运，首先是要好好地反省、改正自己的习气毛病，这是第一步。所以"从此而后，终日兢兢"，他也开始认真起来，每天战战兢兢、如履薄冰、如临深渊。这样认真地反省，谨慎地改过，他就觉得跟以前不一样了，"便觉与前不同"。"前日只是悠悠放任"，以前都很放肆，会纵容、放任自己；到现在就有一种"战兢惕厉景象"，他时时刻刻懂得警惕自己，懂得关照自己，发现自己有过失就能够醒悟、觉察，然后把它改正。

"在暗室屋漏中，常恐得罪天地鬼神"，常常怀着一种敬畏之心，在暗室里头，独身一人，在屋漏下，没有人看到的地方，过去是很放肆，乱说话、起恶念；现在不敢再乱说话、起恶念，更不敢做错事，因为他怕得罪天地鬼神。

"遇人憎我毁我，自能恬然容受"，当别人憎恨我、讨厌我、甚至毁谤我的时候，了凡先生过去受不了，他不可能轻易饶人，但是现在他不会憎恨，也不会跟这些人过不去了，更不可能起报复的心态，他能够"恬然容受"，心平气和地接受，这个心量慢慢地扩大了。过去没有办法容忍的事情，现在他能容忍了；过去饶不过的人，现在看见了心里还是很平淡，甚至脸上会带着微笑，不会再跟人家计较，这是落实《弟子规》上所说的"恩欲报，怨欲忘；报怨短，报恩长"。了凡先生慢慢做到了《弟子规》的这一条。所以我们读了这些话，要勘验自己、反省自己，能不能像了凡先生那样认真地改过，过去的错误，与人总是对立，总是不能和谐，现在能不能够把心量扩大，去包容一切？虽然以前有过失，但是现在改了就没了，《弟子规》上讲的"过能改，归于无"。所以改过是立命第一步。

下面了凡先生又讲到，他刚开始发愿改过，效果就现前了。到了第二年，就是了凡见到云谷禅师之后的第二年，参加礼部的科举考试，本来孔先生给他算命，算他应该在那次考试中考第三名，可是他却考了第一名，算得不太准了。接下来在那一年的秋天，了凡先生竟然中了举人。这些功名在他命中本来是没有的，秀才不属于功名，只有举人和进士才叫作功名。他命中本来没有功名，现在却有了，他考上举人了，这一年了凡先生是三十六岁。他并不以此为满足，仍然努力去改过。所以他说：

【然行义未纯，检身多误；或见善而行之不勇，或救人而心常自疑，或身勉为善，而口有过言；或醒时操持，而醉后放逸；以过折功，日常虚度。自己巳岁(公元1569年)发愿，直至己卯岁(公元1579年)，历十余年，而三千善行始完。

时方从李渐庵入关，未及回向。庚辰(公元1580年)南还。始请性空、慧空诸上人，就东塔禅堂回向。遂起求子愿，亦许行三千善事。辛巳(公元1581年)，生汝天启。

余行一事，随以笔记；汝母不能书，每行一事，辄用鹅毛管，印一朱圈于历日之上。或施食贫人，或买放生命，一日有多至十余圈者。至癸未(公元1583年)八月，三千之数已满。复请性空辈，就家庭回向。九月十三日，复起求中进士愿，许行善事一万条，丙戌(公元1586年)登第，授宝坻知县。

余置空格一册，名曰治心编。晨起坐堂，家人携付门役，置案上，所行善恶，纤悉必记。夜则设桌于庭，效赵阅道焚香告帝。

汝母见所行不多，辄颦蹙曰："我前在家，相助为善，故三千之数得完；今许一万，衙中无事可行，何时得圆满乎？"

夜间偶梦见一神人，余言善事难完之故。神曰："只减粮一节，万行俱完矣。"盖宝坻之田，每亩二分三厘七毫。余为区处，减至一分四厘六毫，委有此事，心颇惊疑。适幻余禅师自五台来，余以梦告之，且问此事宜信否？】

这是他自己反省。虽然在努力地断恶修善，但是"行义未纯"，就是做得不够纯，虽然修善，可是善里面还夹杂着杂念，过失还有很多。他举了几个例子，"或见善而行之不勇"，这是他过去的毛病。他以前就是为了"矜惜名节"，爱惜自己的名节，不能够舍己救人，现在这一条还是做得不彻底，见到有善事，还是不能够勇猛地去做，还是瞻前顾后，有很多的顾虑。另外"或救人而心常自疑"，他在救人的时候往往会产生疑心。譬如说，看到一个乞丐在路上，他刚想拿出钱来布施的时候，又想：这个乞丐是不是一个职业乞丐？他是不是专门来这里以讨饭为生？是不是他背后还有个什么黑社会集团用他来赚钱的？想到这些就又不肯布施了，"心常自疑"，要知道这是好事，我们就好好做，停留在第一念的这个善上面，不要再起第二念的疑惑，这样功德就圆满了。

本来我们可以做大功德，结果被这些疑虑搅进来之后，就不能够彻底了，甚至就不会去做了。很多现在的善事，想做善事的人顾虑重重。过去，我的恩师举过一个例子，新加坡有一位法师叫谈禅法师。他每天就在城隍庙门口卖点香烛和一些小东西，生活非常清苦，每天只喝自来水，他积累的很多钱，全部都布施给大陆去修庙，哪里有需要修复寺院的，他就慷慨解囊，都是几十万、上百万地赠送。把钱送给别人的时候，只说一句话"各人因果，各人负责"，说完把钱放下了就走，以后再也不想了。你看这个人难得，真正做好事没有疑惑，绝对不会想，说把这些钱给了他，他会不会贪污、会不会用得不如法？有这些顾虑就没有真正的功德，功德是清净心，是无住布施。如果心有所住，功德就不圆满，了凡先生就是这种情况。然后他又说：

"或身勉为善，而口有过言"，虽然身体勉强去做善事，心里还是各种顾虑，甚至有时候看见人家有过失，或者是自己做善事，看到别人不肯做，他口里面还会唠叨几句，还会批评人家，这都是口业。

"或醒时操持，而醉后放逸"，他还有喝酒的习性，酒戒不了。平时清醒的时候，他能够操持好自己，很谨慎，能够战战兢兢；但是醉了以后就又放逸，原形毕露了。了凡先生把这些过失积累起来，都写到他的功过簿里面。

"以过折功，日常虚度"，虽然每天做好事，可是犯了一个过失，就要把一件好事抵消掉，这么一抵消，一天就剩不了几件善事了。"日常虚度"，白白浪费了一天，没有成果，这些都是刚刚开始修行的时候常见的现象。因为我们的习气毛病都很重，所以有这种情况是很正常的。大家不要灰心、不要沮丧，依然要保持信心，要不断地、继续地努力。这样的话，效果会愈来愈明显，进步也就会愈来愈大。

了凡先生还挺不错，真是咬着牙一直干，他没有灰心、没有气馁，一直干了十年多，从三十五岁开始发愿到四十五岁以后，十年有余，才把他所发愿做的三千件善事做完。他原来是为求科第才发愿做三千件善事，结果科第提前考上了，但是他为了满愿继续做完这三千件善事，做了十年多，可见得很不容易。十年做三千件善事，平均每天做一件，你看，刚开始初学不容易。我们如果能够勇猛精进，一天不止是做一件善事，所以我们的进步应该说不会比了凡先生差。这三千善行圆满以后，他有一次回到了南方，就请几位出家人到禅堂里面回向，把这些善事功德回向，报天地祖宗之德。

然后，马上又发了另一个愿：求子。他要求得一个儿子以传宗接代，也是许愿做三千件善事。结果才过了两年，也就是了凡先生四十七岁那年，就生了个儿子，名字叫天启，这是了凡先生的大儿子。后来又有一个儿子，他就有了两个儿子。所以这个效果很显著，果报来得也很快速，刚刚发愿两年就成就。虽然成就了，愿发了总得尽力做圆满，所以了凡还是这样认认真真地去做善事，每做一件善事就用笔把它记下来。了凡先生的太太不识字，就用一个鹅毛管蘸一点红颜色的颜料，印在"功过本"上面，印成一个红色的圈子，一个圈代表一件善事。夫妻两个人都诚诚恳恳、认认真真地去做善事，非常难得。他举了几件善事，譬如说布施穷人，或者是买生命去放生。有时候一天可以做到十几件善事。又过了两年，头尾四年，这第二个三千件善事又圆满了。

我们看到了凡先生第一次的三千件善事做了十年多，第二次的三千善事做了三年多就做完了，这个进步就快了。于是他就请法师到他家里去回向。回向以后，他又发了一个愿，他愈做愈欢喜，觉得命运确实是可以改造的。原来没有考上举人的命他却考上了，命中没有儿子他也有了儿子，于是他的愿就愈来愈大了。这次，他发一个愿要考上进士。进士是古代最高的学位，古代的秀才相当于我们现在的学士，举人相当于我们现在的硕士，进士相当于我们现在的博士学位，博士是最高学位。进士的第一名就是状元,第二名、第三名就是榜眼、探花。于是,了凡先生发愿求进士。这时候他就发大愿了,要做一万件善事。结果,发愿以后又过了四年,了凡先生是五十二岁。那年,他真的考上了进士,朝廷封他为河北省宝坻县的知县。这个宝坻比原来他命中的四川那个小县大。虽然也是个知县,但是比原来命中算定的要更好。他当了官以后,在衙门里依然保持断恶修善,念念不忘要圆满他那一万件善事。他就自己准备了一本空白的小册子,题名叫"治心篇",专门来对治自己的心地。早上起来请家人把这个小册子放在案上,然后把自己所做的善事、恶事都登记下来;到晚上就把这个小册子拿回家,在自己的庭院里面设一个小桌,然后点上香,向天地祷告。这是他效仿宋朝赵阅道的做法。

赵阅道是宋仁宗时代的一位御史,他为人非常清廉,不攀附权贵,铁面无私,所以人称"铁面御史"。赵阅道每天都是在庭院里设一个香案,然后把自己一天所做的善恶,统统写在小本子上,然后去焚化,把这个疏文焚化,祷告上苍,用这种方法来检点自己。这一天如果有不敢写到疏文里面的事情,他就不敢做,因为这样做会得罪天地鬼神,用这种方法来逼着自己断恶修善。了凡先生也是这么做的,做得很认真,但是夫妻两人这时有个烦恼。因为他们现在搬到衙门里住了,不像以前在自己家里做善事那么容易了,到衙门里面每天都要办公,不出衙门,要出去外面做善事就很难。一万件善事做到什么时候才能圆满?所以他太太就为难了,了凡先生也都觉得有点为难。日有所思,夜有所梦,结果他晚上就梦到了一位神人来到他梦里。了凡先生首先向这位神人请教，说自己要发愿做一万件善事求得到进士，现在进士也考上了，可是这一万件善事怎么做，做到何年何月才做圆满？就跟神人报告自己的为难之处。这位神人就安慰他说，"不要紧，你曾经做过减粮的一件事情，这一件事情，就把一万件善事已经圆满了。"

减粮食这件事情是怎么回事？原来宝坻县这个地方，田租是每亩二分三厘七毫，当时了凡先生做了县长以后，觉得田租太高了，百姓缴纳粮食缴得太多了，于是就下令减粮，把田租减成一分四厘六毫，差不多减到一半了。这件事情确实有，这位神人竟然来到梦里给他点化，了凡先生真是又惊又喜，还是想不明白为什么只做了一件事，这一万件善事就圆满了。后来，有一位幻余禅师从山西五台山来到河北宝坻，幻余禅师是了凡先生的朋友，他们见了面，了凡先生就把做的这个梦向禅师讲了，然后请教禅师这件事情可不可信？是不是我这一万件善事真的已经圆满了？幻余禅师也是一位有学问的人，他对了凡先生说：

【师曰："善心真切，即一行可当万善，况合县减粮，万民受福乎？"

吾即捐俸银，请其就五台山斋僧一万而回向之。

孔公算予五十三岁有厄，余未尝祈寿，是岁竟无恙，今六十九矣。】

禅师说，你的善心真切，发出的善念很真诚，这里面没有夹杂一丝一毫的私欲，完全是大公无私，没有任何的自私自利和执著，这种真切的善心发出来以后，即"一行可当万善"，你做的这一件善事，它的功德就等于一万件善事，在理上讲是通的。为什么？如果一个人真正善心真切，他绝对没有执著、没有分别，他所做的善事，这种心量是尽虚空遍法界，所以功德也是尽虚空遍法界，没有界限的。他内心没有分别执著，这个功德就没有界限，极小的善都是遍虚空法界。这在理上讲得通，更何况你是"合县减粮，万民受福"。了凡先生当了县长，就给百姓减粮，减了田租，不止一万家的百姓因此而获利。所以从真实的效果来讲，也是等于做了一万件善事。你看公门里面好修行。真正在这个位置上做善事，做起来就比较容易。一个决定下去就利益万民，这个功德就很大很大了。

做善事，这里提醒我们：第一，要拓开心量。真心里面没有执著分别，我们用真心去做善事的时候，不计较得失，不计较果报，更不计较名利，这种无私的大心量做了善事功德就大。第二，真正在这种位置上的人，要懂得去修善。

国家的领导人，做善事是最容易的。你看看现在我们的国家领导人，把所有的田租，也就是农民的税收都减免了，这在历史上是头一回。把所有农民的田租、税收全部免掉了，真是让万民受福，所以现在的领导人功德很大。

另外一种人，就是传媒的、媒体的主持人。他们做的节目，通过这些媒体、电台、电视台播放，把它传送到千家万户。如果播的内容是善的，启发人认识伦理、道德、因果，启发人断恶修善、破迷开悟，这个功德不可思议；如果传送的内容是杀盗淫妄、色情暴力的片子，这个罪业就大了。所以造大善、大恶全在人的一念之间。

我们今天所处的这个时代，面对这种乱世，人民不懂得伦理、道德、因果，造作无量无边的恶业，用什么方法能够挽救他们? 唯有靠教育，靠圣贤的教育。所以，如果我们现在有志同道合的人，利用高科技、卫星网路去弘法利生，把圣哲的教育传送到每个家庭，这也是无量功德。所以像我们香港佛陀教育协会这个团体，有弘法的人、护法的人，工作人员、摄影人员，他们都是共同来传播圣哲教育，这样的善行，功德真的是无量无边。所以我们没必要去羡慕了凡先生说：我非得要当县长，才能做圆满这一万件善事。不必要! 我们真正懂得抓住当下社会最需要的教育，然后来传播，这就是功德无量。刚才我们谈到了凡先生发愿，第一次做三千件善事，十年多才做圆满；第二次发愿做三千件善事，前后四年就做圆满了，速度加快了；第三次发愿做一万件善事，结果一念就圆满了。我们从这里可以看到万事开头难，要改造命运，一开始跟自己的习气毛病做斗争是很不容易的。但是，只要一开始克服了，这以后的道路就愈走愈顺愈走愈宽。所以了凡先生的命运愈改愈顺利。他本来命中没有功名，后来却考取了举人和进士；本来命中没有儿女，他却得了两个儿子。命中算定他应该是五十三岁八月十四日丑时寿终正寝，可是那年他没有得病，顺顺利利地过了关。到写这一部《了凡四训》的时候，他已经是六十九岁了。直到七十四岁才走完其一生，所以寿命也加长了。了凡先生没有求寿命，但是寿命却自动地加长了，可见得关键问题是我们真正断恶修善就自然感应福报。功名富贵、儿女、健康长寿都是福报。还有三种布施，财布施得财富，无畏布施得健康长寿，法布施得聪明智慧。所以了凡先生这一生努力地修善，结果他都得到了。

我们的恩师，他也是改造命运，改造命运改造得很彻底。首先是寿命。恩师常跟我们讲，别人给他算命，这一生活不过四十五岁，因为他的父亲、祖父、伯父寿命都没有过四十五岁，恩师自己也很相信。所以修学也就把时间表定在四十五岁，认真、努力地去修布施，财布施、法布施、无畏布施，拼命做。别人送给他的供养，他只做三件事情。第一，去放生，这是无畏布施。第二，捐医药费，这也是无畏布施、财布施。把自己的医药费都捐出去了，自己就不得病，因为没有钱得病。老人家讲：你把医药费都留着给自己用，那你不得病谁得病？第三，修法布施，大量地印送经典，而且自己身体力行教化众生，讲经说法到今年已经四十九年了。你看这三种布施具足，所以恩师的果报很殊胜。他得健康长寿，现在八十一岁高龄了，很健康，体力很好，每天讲经两小时、四小时都没问题。我们年轻人都做不到。我只能每天讲两小时，恩师能够讲四小时都没问题。如果我不讲这两小时，恩师就要讲四小时，那我们觉得不要让恩师太累，我们自己累点也是学习锻炼。所以咬着牙坚持讲两个小时。恩师以法布施得到聪明智慧，深入经藏，智慧如海。

财富，不一定说要很有钱，银行的存款有多少数字，那个不一定是真正有财富，真正有财富的人，是他要用钱的时候自然就有钱用，就有人送钱来，这才是财富自在。我们恩师年轻的时候是很苦、很穷的一个人，也是短命相，后来命运全都改过来了，改得这样殊胜。所以，这证明命运是可以改造的。了凡先生文中说：

【书曰："天难谌。命靡常；"又云："惟命不于常，皆非诳语。吾于是而知，凡称祸福自己求之者，乃圣贤之言。若谓祸福惟天所命，则世俗之论矣。"】

他引用《书经》里的一句话"天难谌，命靡常"。这个谌就是信，天道难以相信。什么是天道？天道好还就是因果报应。这个你能不能相信？"命靡常"就是天命没有固定，是可以改变的，这是圣贤的教诲。又云："惟命不于常。"这就是讲天命是无常的，命运不固定，全凭你自己造善造恶去决定。这些都不是诳语，不是欺骗人的话，都是真实语。所以圣贤人教我们"天命无常，修德为要"。了凡先生终于明白了，"吾于是而知"，他真的明白了。为什么？他这一生完全落实了这些圣贤的教诲，证明了天命无常，全靠自己积功累德去改造。"凡称祸福自己求之者，乃圣贤之言。"圣贤教导我们"祸福无门，惟人自召"，这是《太上感应篇》的话。祸和福在哪里？在我们这一念之间。念头起动的地方，就是祸福之门。我们这一念是善的，自然感应福报；我们这一念是恶的，是损人利己、自私自利的，自然就招祸。这些"乃圣贤之言"。

"若谓祸福惟天所命，则世俗之论矣"，如果说祸福都是命定的、没办法改，这种言论不是圣贤的言论，它是一般世俗的言论，叫作"宿命论"。所以真正学了圣贤教育以后我们就知道，原来命运完全掌控在自己手里，我们可以重新营建美满的人生。不但使自己这一生有福报，而且循着圣贤的教诲，可以提升自己的境界，提升自己的灵性，转凡成圣。念佛的人，这一生求生西方极乐世界，作佛作菩萨，这样改造命运，就改造得最彻底了，这都是能够做得到的。了凡先生又继续说：

【汝之命，未知若何？即命当荣显，常作落寞想；即时当顺利，常作拂逆想；即眼前足食，常作贫窭想；即人相爱敬，常作恐惧想；即家世望重，常作卑下想；即学问颇优，常作浅陋想。】

这是了凡先生教导自己的儿子要懂得谦虚。"汝之命，未知若何？"你自己的命运不知道如何，你没有遇到孔先生，所以你也没有了解。真正要不要去了解？其实也不必要。为什么？因为命运是按八字算出来的，那都是你过去生中的一个果报，而未来掌握在你自己手里。所以需不需要去算命？不需要。特别佛教导我们，佛门弟子不必去算命算卦。"可得为世间事，不可得为世间意"，不要去占卜、搞宿命论。所以佛法不是宿命论，佛法是最积极的教育。我们从这里可以猜想到，了凡先生应该也是很懂算命。为什么? 因为他得到孔先生的真传, 孔先生把邵子皇极数正传传给了了凡先生, 所以了凡先生也是个很懂算命的行家。但是为什么他没给自己的儿子算命? 这就告诉我们, 真正关键处不在乎你会不会算, 不在你知不知道你的命运, 而在于你断恶修善、改造命运。原来是好命的, 可以愈改愈好; 原来是不好的命运, 也可以把它扭转过来。所以算命有什么用?

这也是告诫孩子"即命当荣显, 常作落寞想"。哪怕是你的命很荣显、很富贵的, 你要常常当作贫困、落寞去想, 就不会生起傲慢心。"即时当顺利, 常作拂逆想。"哪怕是一生很顺利, 一帆风顺, 都要常常想到不足、困难、挫折, 不要求圆满。多吃亏, 这是好事。"即眼前足食, 常作贫窭想。"如果是衣食丰足, 现在生活过得都不错了, 也要常常想到, 假如我现在贫穷了怎么办? 我怎么能够浪费饮食? 怎么能够暴殄天物? 所以常常有这种思维, 才是"正思维"。"即人相爱敬, 常作恐惧想。"受别人的爱戴、尊敬, 要常常想到, 我这样的德行是否值得别人爱敬, 这一点虚名会导致灾祸, 所以常做恐惧想。如果自己德行不够, 赶紧要积功累德。"即家世望重, 常作卑下想。"假如我们出身不错, 甚至是高贵的名门家族, 也要常常做卑下想。谦卑、姿态要低, 越低调越好, 对任何人都平等恭敬, 这才是有福之人, 才能够使你的家业长久, 要以德去福荫子孙。"即学问颇优, 常作浅陋想。"哪怕是我们真的有学问、学得好, 别人都非常赞叹, 要懂得山外有山、天外有天, 我们这些学问算得了什么? 更何况在佛法里面, 离明心见性还差得远, 哪是真实学问? 所以要常做浅陋想, 自己还是很浅陋,不可以有任何的骄傲、自大。所以这种谦虚就招福。《书经》上讲的:"满招损,谦受益。"真正谦虚就受益,自满的人一定招破损失。虽然这些是了凡先生教导他孩子的话,但是我们也要把它当作是了凡先生对我们的教育,也等于是了凡先生教导我们的。下面继续学习:

【远思扬祖宗之德,近思盖父母之愆;上思报国之恩,下思造家之福;外思济人之急,内思闲己之邪。】

这六个"思",在佛门里面有一个名词术语叫"正思维"。这六个思维就是正确的思想。

第一个,"远思扬祖宗之德",这是孝心,想着要光耀门楣,要把我们的祖宗之德发扬光大。祖宗再远我们都要念念不忘。一定要记得我们的祖宗是谁? 我们都是炎黄子孙。所以炎帝、黄帝、尧、舜、禹、汤、文王、武王、周公、孔子、孟子、老子、释迦牟尼佛,这是我们人类的祖宗。这些祖宗的德行,我们有没有想着要发扬光大? 祖宗的道统有没有想着去传承? 常常要这样去思维、去反省,这是"正思维",是孝道。中华文化儒、释、道三家,这都是祖宗之德。眼见优秀的传统文化面临着断层的危机,我们身为华夏子孙,能不能发大心去学习、实践、落实祖宗的教诲? 时时做如是想,真正落实祖宗教诲,才真正是"扬祖宗之德"。把祖宗的文化、道统发扬光大,真正能构建和谐世界,对现前的众生是莫大的利益。所以古德劝导我们要"为天地立心,为生民立命，为往圣继绝学，为万世开太平"，这是扬祖宗之德。

第二个，思维"近思盖父母之愆"。近在身边的父母，我们要常常想到尊敬、爱护他们。虽然我们的父母不一定是圣贤，但天下又有几个父母是圣贤？可是我们应该把父母也当作老师去看待。他们的优点、长处我们要学习；如果他们有过失，这个"愆"就是过失，我们要回头想想自己有没有？不能够抓住父母的过失不放。老看父母的过失，尊重、敬爱的心就生不起来了，孝心就没有了。这个"孝"字一定要连着敬，孝敬孝敬，没有敬哪来的孝。所以要锻炼、反省，自己不可以去看父母的过失，不要把父母的过失放在心上。古人都讲"家丑不可外扬"，这是为人子基本的德行。《弟子规》上也讲"道人善，即是善；扬人恶，即是恶"，所以父母的优点，哪怕是少有的一点优点，我们都要加以表扬、赞叹，让父母高兴；父母的缺点，我们不提，能够忍受，让他自己改过，这叫隐恶扬善。当然，如果我们看到父母有过失的时候，要知道善巧方便地帮助父母改过，这是出于一种孝心、爱心。《弟子规》上讲"过不规，道两亏"，如果看到父母、家人、夫妻、亲人有过失，不加以规劝，那么就"道两亏"，他有过失，我也有过失。

规劝特别注意方法，不是大肆地批评、严厉地指责，这样一定没有效果，而且适得其反。《弟子规》上讲，父母有过的时候怎么办？"怡吾色，柔吾声"这样去劝谏，让父母能够理解你的爱心而得以改过。绝对不可以在有外人的场合，去说父母的过失，你要私下里，静静地柔声下气地去劝谏。如果是父母不听？"谏不入，悦复谏"，他们不听你的劝告，你得创造条件让他们高兴，譬如说带父母去旅游，让他们高兴的时候你再劝谏。

第三个，"上思报国之恩"，这是思维报国土恩。祖国人民培养了我，我现在能不能为祖国、为人民做贡献，把自己所学的都贡献给社会，帮助国家构建和谐的社会、和谐的世界，这才是报国家恩。

第四个，"下思造家之福"。上对国家，常思报国恩，这是忠；"下思造家之福"，回到家里来，常常想到如何为家里造福，这是孝。"造家之福"就是古人所说的"齐家"，治理好自己的家。用什么去治理？这个标准在哪里？必定要用伦理道德，用孝、悌、忠、信、礼、义、廉、耻这八德，去做好家庭的这种伦理道德的教育，树立好的家风，这才能让儿孙有福。给儿孙的福不是说给他多少钱，留钱给子孙，子孙可能会败光，让家产丧失掉，关键是要积福给子孙。积福，首先自己去做、自己积德，然后孩子自然就受你的身教感化，他们也就好好地做人，这样他们才有福。

"外思济人之急"，这是对人。看到别人有急难的时候，赶紧解囊相助，救济别人；全心全力地帮助别人渡过难关，这是"济人之急"。

"内思闲己之邪"，这是对内，就是对自己内心要懂得防范。"闲"就是防范，防范自己的过失，不要让邪知邪见生出来，这是"闲己之邪"。哪怕是一个人在独处的时候，没有别人在你身边，没有人会看到你，更要懂得慎独，不可以起恶念，不可以造次，不可以放肆。这一天下来，晚上睡觉前反省一下这一天过得如何？会不会问心有愧？盖上被子想想是不是愧对这床被子。当我们能够问心无愧的时候，这就是真正养成了好的德行。所以"闲己之邪"就常常存真诚的意念、存善念，保持心地纯净纯善。这些都属于正思维。了凡还要继续说：

【务要日日知非，日日改过。】

"务要"就是一定要，天天知道自己的过失，天天改过。

【一日不知非，即一日安于自是；一日无过可改，即一日无步可进。】

如果我们这一天不知道自己的过失，反省自己一天好像挺好的，没什么过失，那你这一天就白过了。"安于自是"，你就自满了、自足了，这样就不能进步。"一日无过可改，即一日无步可进"，所以唯有每天反省、改过才能进步。我也非常希望我们这里志同道合的同修，我们共同采取了凡先生的这种功过格的方法。每天等于写日记，反省自己哪些做得还不够；如果是一日没有发现过失，这一日就白过、没进步了。我们真正希望大家真干，这一生发愿求生净土，发愿成圣成贤，那功过格就是最好的起步，效果会很好，做半年你就会发现自己进步很大了。所以一定要努力，踏踏实实地去做。了凡又继续说：

【天下聪明俊秀不少，所以德不加修、业不加广者，只为因

循二字,耽搁一生。】

　　天下真正聪明、优秀的人不少,特别是现在的年轻人都很聪明、很优秀,但是往往这一生很快过去了,到了晚年才发现"德不加修,业不加广",在进德修业方面没有什么成就,这一辈子不就等于白白的过去了? 为什么? 是不是他不懂道理? 是不是他笨? 不是。他很聪明,也学过不少圣贤的经典。那为什么到最后没有成就? 只为"因循二字,耽搁一生",这个原因就是"因循"两个字。因循就是得过且过,对自己进德修业不认真、不踏实,追求的都是一些枝叶花果,不肯在根上去下功夫。根是什么?《弟子规》、《太上感应篇》、《佛说十善业道经》是根。如果《弟子规》都没做到,还认为这是小孩学的,看不起《弟子规》,羡慕那些大经大论、"四书五经"、"十三经",羡慕人家是大儒、佛学家,到最后自己还是没有根,《弟子规》、《太上感应篇》、《佛说十善业道经》都没落实,这就耽搁了一生。到最后,真的是轮回路上该怎么生死还怎么生死,这是很可怕的事情。所以真正明白了,要从根做起,老老实实、认认真真地扎这三个根,真正落实这三个根。虽然我们学的经论不一定很多,但是根落实了,这一生就能成就。

　　所以真正修学的人,要懂得"日日知非,日日改过",落实三个根,这样就能够有真实的成就。了凡先生写的这一篇"立命之学"是云谷禅师传授给他的。云谷禅师是开悟的大德,所以了凡先生说这篇"立命之说"是:

【云谷禅师所授立命之说，乃至精至邃、至真至正之理，其熟玩而勉行之，毋自旷也。】

确实是非常精深。正理是古圣先贤的教诲。让我们熟玩，好好地玩味，认真地去学习、去落实，不要自己耽误了自己。这一篇"立命之学"我们就介绍到此。

第三部分　改过之法

接下来是第二篇"改过之法"和第三篇"积善之方"，这两篇是《了凡四训》中最主要的内容，就像佛经里的正宗分一样。前面这篇"立命之学"就好比是序分，最后第四篇"谦德之效"就好比是流通分。如果我们这样去体会，这一篇文章就很有味道。"立命之学"是教导我们改造命运的原理，真正发心想要改造命运，第一步就先得改过。所以没有谈积善之前先谈改过，教导我们改过的方法。改过是因，避灾、避祸是果。所以如果不改过，哪怕是修善，善里面夹杂着恶，这就不纯，就是有漏的善，福都被漏掉了，所以得先把这个漏给补上，就要先讲改过。

【春秋诸大夫，见人言动，亿而谈其祸福，靡不验者，《左》《国》诸记可观也。】

了凡先生在这篇文章的开始就说，在春秋时代就有很多诸侯、大夫，他们都很有学问，看到人的言语、动作，就能够预测到这个人将来的吉凶祸福。为什么？下面了凡先生为我们说出了

答案:

【大都吉凶之兆,萌乎心而动乎四体。】

　　人的存心是善恶的根本,是祸福的根本,所以吉凶祸福都有兆头。怎么样看他的兆头? 通过看他的心就知道。一个人起心动念必定会表现在身体和形态上面,真正有学问有道德的人,一眼就能看出来你这个人的心是真诚的,还是虚伪的;你是个老实人,还是个诡计多端、很有城府的人;你这个人是个善人,还是个恶人。有真实学问的人就能看出来,骗不了人。无论你怎么装,都不可能瞒过人的眼睛。能瞒的只是那些没有读过圣贤书的人,而且可能暂时能瞒得过,但是瞒也只能瞒得了一时,不能瞒很长久。所以"吉凶之兆,萌乎心而动乎四体",从起心动念萌发出来,在形体上面就表现出来。古人懂得看人,看这个人有没有学问,有没有福报,只要看他的心地就知道了。这些在古训当中,像春秋三传: 左丘明的《左传》、公羊高的《公羊传》、谷梁俶《谷梁传》等等,这些都有记述。如何来看一个人的吉凶祸福? 了凡说:

【其过于厚者常获福,过于薄者常近祸,俗眼多翳,谓有未定而不可测者。】

　　所以怎么样看一个人将来的福报? "过于厚者常获福",一个人的心地善良、厚道,为人处事、待人都很厚道的,这种人将来就有福。他能够处处替人着想、关怀别人、爱护别人，那么别人也都会处处为他着想，都会关怀他、爱护他，所以他的朋友就多，帮助他的贵人也就多，当然他就会有福。"过于薄者常近祸"，为人轻薄的，只注重眼前利益，眼光短浅，不能容人，心量窄小，这样是薄福之相，他的福报一定很小，而且会常常招来祸害。为什么? 因为他如此地待人，人家怎么可能善待他? 所以他的冤亲债主就会很多。恩师他老人家经常教导我们，要存好心、说好话、行好事、做好人，做到这四好，就是培养自己的厚福。现在恩师提倡，我们净宗学人在一年之内要落实五个科目，就是要尊重别人、爱护别人、关怀别人、帮助别人、照顾别人，要这样去做才是培养厚福。下面讲:

【至诚合天，福之将至，观其善而必先知之矣。祸之将至，观其不善而必先知之矣。】

祸福都是可以预知，我们说都可以预测，从哪里预测? 看一个人的心地、看一个人的所作所为就能预测。"至诚合天"，当我们的心地达到至诚的时候，也就是心里面没有执著，没有妄想分别，起心动念都合乎自然的法则，没有任何的私心杂念夹杂在里面。有这样的一颗心，那是我们至诚的心出来了，就能够体察吉凶祸福的预兆。

所以"福之将至"，我们看一个人，他的福快来的时候，"观其善而必先知之矣"，你看他这个人心善、言善、行善，一切都是善的，很厚道的人，你就知道他的福就不远了。

"祸之将至"，怎样预测一个人会有祸害？"观其不善而必先知之矣"，如果你看这个人言行不善、心地不善、自私自利、损人利己，你就知道他没有多久将会有祸患了，天灾人祸就会降临。我们看人如此，看这个世界也如此。人有命运，世也有世运。你看这世界上普天下的人，造恶的多，造善的少。真正的善人是无私、无欲，全心全意为人民服务的人，就像我们恩师这样，毫无私心杂念，一心一意弘扬正法、利益众生、帮助社会、化解冲突、和谐世界，可是不少人看见他觉得好奇怪，没见过这样的人。他的这种行为，现在都没有什么人理解了。这说明什么？现在不善的人太多了，善的人太少了。有一个人做善，大家看了都觉得奇怪，觉得不可思议。看到这样的现象，我们就能够猜想到，这个世界的灾难一定不远了。"祸之将至，观其不善而必先知之矣"，我们大概能够推断，能够知道，天灾人祸，将来可能会愈来愈频繁。怎么救？唯有依靠圣贤教育，大力地去推动伦理、道德、因果、圣哲的教育，让大家从造恶回头，转不善为善才能改变世运，要不然没有办法。

在去年，恩师也劝导我走圣贤教育之路，说走这条路最光明。真正要发心利益社会，这条路最殊胜，效果最好，自己要做出牺牲。因为跟着恩师学习也有十年了，听经闻法，虽然不能有大悟，还算是有些小悟，能够明白一点。所以恩师一鼓励，我就决定放下昆士兰大学教授的工作。真正"为往圣继绝学，为天下开太平"，效仿古人的存心。现在没有学问没有能力怎么办？重新做一名学子。所以从教授的讲台上下来，又当了一名学生。发心跟着恩师学十年，十年寒窗，希望将来能够有所成就，能够真正利益社会、挽救世运。了凡先生在这里就说：

【今欲获福而远祸，未论行善，先须改过。】

我们真正想改造自己的命运，也帮助这个世界改造世运，挽救世道人心，光修善不够，更重要的是要改过。所以"今欲获福而远祸"，希望我们能够获得福报，自己获得福报，世界的苍生、天下苍生获得福报，要远离灾祸，"未论行善，先须改过"。在没有行善之前，先要把改过的道理讲清楚，如果大家不造业了，这才能改得过来。了凡先生继续说：

【但改过者，第一，要发耻心。】

改过，他讲要发三种心。第一是耻心，第二是畏心，第三是勇心。耻心就是羞耻之心，畏心就是畏惧之心，勇心是勇猛之心。有这三种心，改过就彻底了。什么叫作耻心？

【思古之圣贤，与我同为丈夫，彼何以百世可师？我何以一身瓦裂？耽染尘情，私行不义，谓人不知，傲然无愧，将日沦于禽兽而不自知矣；世之可羞可耻者，莫大乎此。

孟子曰：耻之于人大矣。以其得之则圣贤，失之则禽兽耳。

此改过之要机也。】

　　这是讲改过要先发羞耻之心。为什么？我们要想想古来的圣贤，你看孔子、孟子、释迦牟尼佛，他们跟我们本来是平等的，"与我同为丈夫"，都是大丈夫。佛在经里面讲得更清楚，"一切众生皆有如来智慧德相"，每一个众生，包括我们每一个凡夫都有如来智慧德相，跟佛是平等的，本来是佛。"彼何以百世可师？"他为什么成为万世师表、至圣先师，成为令人景仰的佛菩萨？我"何以一身瓦裂"？我为什么会变得像一个破碎的陶器，一身瓦裂，一文不值？这是因为我们"耽染尘情，私行不义"，"耽染尘情"的耽就是过分，染上了一些社会上的习气毛病，重情欲；"私行不义"，在私下里做一些不如理、不如法的事情，这都是我们的恶习性，把我们善良的本性给覆盖了。其实我们本来是佛，本来跟孔子、孟子一样"百世可师"，现在变成一身瓦裂。这是令人羞耻的事，所以要改过。如果我们真正明白了"命由我作，福自己求"的道理，愿意发心重新改造命运，打造一个幸福美满的人生，那么第一步就是改过。了凡先生在改过方面很有体会，他给我们讲了改过的方法，就是要发三种心：第一要发耻心，第二要发畏心，第三要发勇心。

　　为什么要发羞耻之心？因为古来的圣贤，像孔子、孟子、老子、释迦牟尼佛这些圣贤，跟我们本性是一样的，都是"人之初，性本善"。这种本善是绝对的善，不是建立在善恶相对概念上的善，我们把这种本善称为"纯净纯善"。佛在经里告诉我们，"一切众生皆有如来智慧德相"。我们凡夫既然跟如来、跟佛一样，都有如来的智慧德相，圆满的智慧，圆满的德相，我们都具足，一点都没有比佛少，那为什么"彼何以百世可师，我何以一身瓦裂"？为什么他们能够称为佛、称为世尊？这是世间最尊贵的，我们称为"天人师"。不仅现世是天人师，而且能堪为千秋万代的师表，"百世可师"。我们把中国的圣贤孔老夫子，也称为"万世师表"。为什么他们能做到？而我们想想自己一身的习气毛病，想要做善事、起善念，但是却不管怎么都发不出这种真诚心，一天到晚都生活在烦恼痛苦当中。"一身瓦裂"这是比喻我们痛苦、烦恼的生活。

下面就把原因告诉我们了，为什么有这么大的区别？本性上虽然相同，但是受用上有非常大的区别，这是因为我们"耽染尘情，私行不义"。就是指过分地染浊于五欲六尘的享受，被情欲所迷。自己"私行不义"，不义就是不应该做的事情，不如理、不如法的事情，我们常常在犯。儒家讲的八德、十义我们没有遵守；佛家讲的五戒十善我们没有遵守，这都是不义。这个私，就是讲我们，尤其是在独处的时候，没人觉察的时候就放肆。"谓人不知，傲然无愧"，做了不义的事情、心行不善，以为别人不知道，自己竟然还"傲然无愧"。傲然是骄慢的样子。无惭不愧，没有羞耻心，没有惭愧心，这是迷得很深的现象。常言道"若要人不知，除非己莫为"。哪里有可能我们做了不义的事情，还没有人知道？我们做的事情，哪怕是暂时别人不知道，时间长了人家也能看出来。而自己做了错事，竟然不生惭愧心。惭就是自己受良心的责备；愧是耻于社会舆论的制裁。如果这些都不怕，那么脸皮会愈来愈厚，心也会愈来愈黑，人也会一天一天地堕落，不肯回头。"将日沦于禽兽而不自知矣"，一天一天都变成像禽兽一样了。人跟禽兽有什么区别？人懂得礼义廉耻，做了错事还懂得回头，懂得改过，有惭愧心，而禽兽没有。禽兽，我们说是属于恶道，这里是代表三恶道。如果我们不肯改过，一天一天地往那里走，就会走到三恶道去。

现在我们闻到正法，接受了圣贤教育，肯不肯回头？知道自己的过失，愿不愿意改？古德讲，"人身难得，佛法难闻。"假如这一生遇到了正法，还不肯真正依教奉行，把这一生大好的光阴错过，那么到临终时就会悔之晚矣。所以你看看原来都有本性本善，原来都有如来的智慧德相，而现在竟然沦落到这般地步。"世之可羞可耻者，莫大乎此"，这是最令我们羞耻的。

所以我们学佛的人、接受圣贤教育的人，首先要有羞耻心，时时处处警醒自己，要给世人做个好样子。常常反思，有没有按照佛的教诲去做人、去行事。如果还违背佛的教诲，甚至连一般的世间人都不如，这就是有辱我们的师门，给佛菩萨脸上抹黑了，那我们自己就更应感到羞耻。所以常常有这种心，就能够进步。所以：

【孟子曰：耻之于人大矣。以其得之则圣贤，失之则禽兽耳。此改过之要机也。】

羞耻之心对人非常重要，能帮助我们进德修业。佛门里把惭愧心称为善心所，就是善良的心。有惭愧心，这人就有救了；不懂得惭愧的人，总认为自己做得对，认为自己心里想的是对的，这种人就没救了。儒家也说"知耻近乎勇"。真正知道自己的过失，这叫知耻，这就是勇，勇敢的勇，这就是英雄好汉。能上阵杀敌，也不一定能成为伟大的人。真正能够把自己的烦恼、习气、过失降服住，能改正过来，这种人才伟大，才是真正的勇士。

你看在佛教的寺院里面，他们的大殿一般都叫作大雄宝殿。大雄就是指大英雄。殿里面供奉的本师释迦牟尼佛，供养的诸佛如来，他们才是真正的大英雄。为什么？因为他们完全降伏了烦恼，真正做到了"烦恼无尽誓愿断"，彻底断除了烦恼，这些才是真正的英雄。所以"得之则圣贤，失之则禽兽"，我们真正有羞耻心的，就是向圣贤的境界迈进。如果没有羞耻之心，那么就是向三恶道迈进。所以这是改过的一个重要诀窍。第一个要发的心，就是知耻心。改过还要发的第二个心，就是：

【第二，要发畏心。天地在上，鬼神难欺，吾虽过在隐微，而天地鬼神，实鉴临之，重则降之百殃，轻则损其现福，吾何可以不惧？】

这是讲改过要发畏惧之心。畏就是害怕。怕什么？就像我们犯了过失，怕别人耻笑我、指责我，这就是畏惧心。虽然人看不见，但是有良知在，知道"天地在上，鬼神难欺"，我们怎么可能不生敬畏之心?

当我们独处的时候，不要以为做了坏事没人知道，好像是神不知鬼不觉的。但是"若要人不知，除非己莫为"，"鬼神难欺"。所以古德告诫我们在幽居独处的时候，都要如十目所视、十手所指。十只眼睛看着你，十个手指指着你，大家都看着你。真有这样的畏惧之心，那就不敢造恶业了。哪怕是起心动念，都很谨慎、很防范。为什么? 鬼神他能心通，他能知道我们心里想的是什么。所以"吾虽过在隐微，而天地鬼神，实鉴临之"。我虽然只是做了很小的恶，但是天地鬼神都在鉴察我们，发现我们做了过失、犯了罪业，就要给我们惩罚。"重则降之百殃，轻则损其现福，吾何可以不惧"，我们造的业，犯的过失，如果是重的，就会召感很重的灾殃；如果是犯了轻的过失，我们的福报就会被减损，所以怎么可以造恶业? 下面经文继续说：

【不惟是也。闲居之地，指视昭然，吾虽掩之甚密，文之甚巧，而肺肝早露，终难自欺，被人觑破，不值一文矣，乌得不懔懔? 】

在"闲居之地"，就是我们一般说的，在家居这些场所，"指视昭然"，都有很多人会看着我们，都知道我们在做什么，他们会听到我们的讲话。"吾虽掩之甚密，文之甚巧"，我们虽然很能掩盖我们的过失，而且能够把这些过恶文饰得很巧妙，真的是很难看得出来。可是，"而肺肝早露，终难自欺"。瞒人家能瞒得了多久? 真正有学问、有道德的人, 你骗不了他们。他们从你的眼神、形态, 从你说话的表情就能看出来, 你心里面是不是有鬼, 很容易就会被他们觉察。你想欺骗人, 那真的是叫自欺欺人。更何况被人看破的时候, 不仅是有学问、有道德的人, 能够一眼看穿你, 哪怕是一般人, 时间久了他们也能看穿我们。被看穿了之后, 真是不值一文了! 你那些谎言、装模作样的伪君子的形象, 被人看穿后, 就不值一文了。所以"乌得不憬憬", 怎么能够不害怕?"憬憬"就是害怕的样子。所以我们每个人起心动念、言语造作都要本着我们的良心, 用我们的真诚心去行善, 不可以装模作样。

我们现在学佛的人, 人家也知道我们在学佛法, 是不是能摇身一变, 就变成一个善人了, 就变成一个正人君子了, 还是用学佛这个幌子来掩饰自己的这些过恶? 那将是罪上加罪! 被人看破的时候, 不仅使自己不值一文, 而且还损害了佛法的形象。别人看见学佛的人就是这个样子, 都是伪君子, 这就是在破坏佛法形象, 造无量罪业。所以学佛一定要用真心, 对自己的过失要真正努力去改。不仅对自己的过失不能够隐瞒, 如果是被人家看破了, 要马上承认, "对! 这是我自己的过失, 我确实在造恶, 我现在就要好好改正"。就这样勇于承认自己的错误。古人讲天大的过失, 当不得一个悔字真肯悔改的, 善莫大焉。别人对我的批评, 对我的谴责, 要乐意接受。如果他说得对, 正好提醒我改过, 我感恩他都来不及; 如果别人说错了, 其实我并没有这样的过失, 那是因为他不了解我, 是信口开河讲的, 或者是言过其实, 或者是恶意的诽谤，我们也绝对不要产生怨恨心，不要跟他对立。抱着"有则改之，无则加勉"的态度，为什么? 这样正好消自己的业障。下面经文讲:

【不惟是也。一息尚存，弥天之恶，犹可悔改; 古人有一生作恶，临死悔悟，发一善念，遂得善终者。】

别人你瞒不了，最重要的是不可以欺瞒自己。"一息尚存"的时候，只要这一口气还在，还没死，那么"弥天之恶，犹可悔改"，哪怕是再大的过失、罪恶，都还有机会悔改，所以改过是最难能可贵的。如果是不肯悔改的人，那就真的是没救了。所以不要看那个人是个大善人，捐款捐得很多，很有名气，也学佛了，可是怎么到最后却死得这么惨，我们的信心都动摇了，他得这样的果报其实必有其因。什么因? 其实古圣先贤给我们讲得很清楚，如果他的这些过失不肯悔改。虽然他也造善业、修善修福，甚至学佛，也皈依了，但是他没有真正去忏悔，没有真正改过，甚至连忏悔心都没有，那就没救了。到他死期来临的时候，真的是要随业流转，该怎么生死就怎么生死。

现前我们看到的例子也不少，而且都是触目惊心的例子。所以回过头来想一想，假如我到死期的时候，我会怎么办。如果现在不改过，这一气不来，就悔之晚矣! 只要还存在这一口气，发真心改过，就来得及。

经文讲，"古人有一生作恶，临死悔悟，发一善念，遂得善终者。"我们知道经上有这样的例子。这是《观无量寿佛经》上给我们讲的故事。佛在世时有一个阿阇世王，他邪知邪见，跟提婆达多勾结在一起。提婆达多是佛的出家弟子，但是他背师叛道，自己要当新佛，想把佛害死，破和合僧。阿阇世王就跟提婆达多一起造恶，因为他想做国王，所以两个人密谋，把自己的父王杀害了，还把自己的母亲幽禁起来，而且也要迫害她。所以阿阇世王杀父害母，跟提婆达多一起造的是五逆十恶的罪业。这是破和合僧、出佛身血的罪，这个业造得太重了，破和合僧、出佛身血，这都是地狱的罪报。提婆达多此生就堕地狱了，后来阿阇世王知道自己完全做错了，他就忏悔，真心地悔过。佛教导他念佛求生净土，于是他真诚忏悔业障，一心一意求生西方极乐世界，这是大善。结果他最后往生到极乐世界，还是上品中生，这个果位很高，他得到善终了。古人这种例子很多。你看张善和是宰牛的，他宰了一辈子牛，最后临终的时候遇到出家人为他说法。他自己也忏悔杀业，回心转意、念佛求生净土，最后也得生了。所以关键是我们肯不肯回头。下面经文讲：

【谓一念猛厉，足以涤百年之恶也。譬如千年幽谷，一灯才照，则千年之暗俱除。故过不论久近，惟以改为贵。但尘世无常，肉身易殒，一息不属，欲改无由矣。】

为什么能够在临终的时候，一念回光返照就能得善终？这是因为这一念很猛厉，很至诚，真诚心到达了极处。这种至诚的善念，就可以"涤百年之恶"。造作的恶业虽然很多、很重，但是只要一念忏悔、回头，这个念又很精纯，就可以消百年恶业。经上告诉我们，至诚恳切念一句阿弥陀佛，可以消八万大劫的生死重罪。就是因为这一念很真诚，念头里没有任何的妄想、分别、执着，全身心投入到这个善念里面。自己有这种真诚的善念，必定感得阿弥陀佛威神愿力的加持。阿弥陀佛是应，所以能够帮助我们消很重的罪业。这个道理是什么？"譬如千年幽谷，一灯才照，则千年之暗俱除。"这是用千年的幽谷作比喻，我们说的岩洞，那种钟乳石洞，那真是千年的幽暗。假如你提了一盏油灯进去了，这一灯才照，千年的黑暗都去除了。这是比喻我们一念的回光返照，升起善念，就有如明灯把这些黑暗（黑暗代表罪业）都去除了。这个灯是什么？就是智慧，就是觉悟。真正觉悟了，就回头了。如果不肯回头，那你还没觉悟，所以觉悟很重要，觉悟的人一定会主动忏悔罪业。

我们知道自己的生命很短暂。佛在《八大人觉经》里面给我们讲"世间无常，国土危脆"。我们这个身体不知道在世间能够待多久，所以一定要认真努力改过。"故过不论久近，惟以改为贵"，能够改过了，不管那个过失有多大，你能改就是可贵。如果不肯改，"但尘世无常，肉身易殒"，我们确实不知道自己的身体在世间能够保留多久，这一口气不来就是隔世了，我们的肉身就没有了，就损坏了。"一息不属"这一口气回不来了，那你的生命就结束了，"欲改无由矣"，你再想改，都没有机会了。所以下面讲：

【明则千百年担负恶名，虽孝子慈孙，不能洗涤；幽则千百劫沉沦狱报，虽圣贤佛菩萨，不能援引，乌得不畏？】

这个果报有阳世的，有阴间的。阳世的果报是什么？"明则千百年担负恶名"，像秦桧杀害忠臣，把岳飞给谋害了。从宋朝到今天，你看历代多少人看见他的像，提起他的名字都唾骂，这是"千百年担负恶名"。"虽孝子慈孙，不能洗涤"，哪怕你家里出了孝子贤孙，也没有办法澄清你的罪恶。如果真正是造了恶业的，说老实话，家里也不可能出孝子慈孙。"幽则千百劫沉沦狱报"，幽就是阴间的恶报。

"虽圣贤佛菩萨，不能援引"，哪怕是圣贤、佛菩萨来救你，能不能救？也救不了！为什么救不了？因为你不肯回头，你不肯忏悔业障！大家可以体会一下，我们是在重病的时候容易忏悔，容易改过自新修善，还是在清醒的时候容易忏悔和改过。古德告诫我们，在清醒、健康的时候功夫用得上十分，在梦中才能够用得上一分；在梦中用得上十分，在大病当中才能用得上一分；在病中用得上十分，在死之前才能够用得上一分。所以如果我们平时不好好地积功累德，等到临死的时候，那就更难了。死了以后，那真的是难上加难啊！

但是我们也要懂得，虽然我们造恶业、受恶报，或者堕到了恶道里面受苦，可是佛菩萨会不会舍弃我们？佛菩萨是不会舍弃我们的。生生世世佛菩萨都在保佑我们、加持我们，等待我们的回头，一有机会就教化我们。所以我们这一生又遇到了佛法、接触到圣教了,那都是佛菩萨的威神力加持,佛菩萨是生生世世照顾我们,真的比父母恩德还要大。父母对我们的恩德是一生一世,佛菩萨对我们的恩德却是生生世世。真正明了了,我们必须改过自新,要不然真的是对不起佛菩萨。

【第三,须发勇心。人不改过,多是因循退缩,吾须奋然振作,不用迟疑,不烦等待。小者如芒刺在肉,速与抉剔;大者如毒蛇啮指,速与斩除,无丝毫凝滞,此风雷之所以为益也。】

这是教导我们,改过要发的第三个心是"勇猛心"。如果我们勇猛精进地改过,就没有改不了的。人不改过,原因都是"因循退缩"。因循就是得过且过、马马虎虎、放任自流,对自己不认真、不严肃,而且还退缩,知难而退。"因循退缩"就很难改正自己的习气毛病,所以真正要改过,一定要发心勇猛精进。"吾须奋然振作",要发奋起来、振作起来,"不用迟疑,不烦等待",不能够迟疑。譬如像我们改过,可能想这个过失好像现在不用改,也没有什么大的关系,再迟一点也没问题;或者是怀疑自己,过失能不能真的改过来?譬如说抽烟,自己很想改正这个陋习,但是迟迟疑疑就是不肯动真格的,那怎么能改正过来?还有的是在等待,等着将来再改,如果存在着这些心,那么过失就很难改。

真正能发勇猛精进心,《了凡四训》里面用了两个比喻。他说对小的过失,"小者如芒刺在肉,速与抉剔"。小刺扎在肉里面,我们都有过这种经验,刺扎在肉里面很难受,要赶紧拿东西把它挑出来。这就是比喻我们改过，哪怕是再小的过失，我们看见了心里都不好受，马上就要把它改过来。"大者如毒蛇啮指，速与斩除"，我们大的毛病、过失就好像一条毒蛇咬了我们的手指，这个毒会随着血液攻到心，那么我们就没命了。所以，这个时候就要当机立断，拿起刀来马上把自己的手指砍断，不能够有丝毫的迟疑和等待。因为一迟疑了，血液回到心里，人就没命了。这个时候一定要咬紧牙，牺牲小的、保全大的，不能有丝毫的犹豫。

"凝滞"就是犹豫。这就是《易经》上所说的"此风雷之所以为益也"。《易经》上有一个"风雷，益"卦，就是表示在春天风吹雷动，万物开始生长，这是个好现象。"风雷"就是代表当机立断。我们改过就要这么勇猛，只要发现了自己的习气毛病，绝不可以姑息、纵容。今天发现过失，今天就要把它改过来，明天不可再犯。这就是发勇猛心。

【具是三心，则有过斯改，春冰遇日，何患不消乎？】

真正发起这三种心，知耻、畏惧、勇猛，那么改过就容易了。就像春天的冰，被太阳一晒，就融化了。所以过失统统都能改过来；改不过来的，是我们的心还没真的发出来。

我们刚才学习了改过之法，就是要发三种心。接下来，我们再学习改过，可以从以下三个方面下手。请看经文：

【然人之过，有从事上改者，有从理上改者，有从心上改

者；工夫不同，效验亦异。如前日杀生，今戒不杀，前日怒詈，今戒不怒；此就其事而改之者也。强制于外，其难百倍，且病根终在，东灭西生，非究竟廓然之道也。】

　　这是讲改过可以从事上改，可以从理上改，可以从心上改，从这三个方面下手。用的功夫不同，效果就不一样。从事上改的功夫，就是初学人所用的功夫；从理上去改就比较容易；从心上改，这是最高的功夫。那么我们来具体看看，这三个方面来如何去用功。

　　了凡先生举了两个例子来跟我们讲述，怎么样从事上改。他说"如前日杀生，今戒不杀"。这是讲杀生、造杀业，也就是造恶业。在《佛说十善业道经》里面，把杀生作为第一恶。杀生一般都是因为吃，为饱自己的口腹之欲，而去杀害众生生命，和众生结了恶缘。古人讲，"欲知世上刀兵劫，但听屠门夜半声。"世上的刀兵劫，就是战争。我们知道杀生不好，那就要把它戒掉。从事上改，就是如果过去我杀生、吃肉了，现在我戒掉，忍住再也不杀了，知道杀生不好，所以我就不杀了；看见那些众生肉，我们也不吃了。这就是从事上改。

　　另外一个例子就是"前日怒詈，今戒不怒"，这是讲发脾气。《佛说十善业道经》里面，把这个恶算作意恶。贪嗔痴，嗔是最严重的恶，爆发起来很猛烈。过去常常发脾气、常常看人看不顺眼、常常骂人，现在忍住了，不再发脾气，不再骂人了，这是从事上改。这种在事上而改的，用的功夫比较笨拙，很辛苦。所谓"强制于外，其难百倍"，这是用硬忍的功夫。譬如说杀生，这是贪爱，因为想吃它的肉，就要动刀子杀它。一想不行，我不能杀它，就忍住了。"怒詈"，这也是不容易忍。看不顺眼的就要发脾气，现在强忍着心中的怒火；或者听到别人诽谤我，脾气就起来了。刚起来的时候，想到不能发怒，就把它强忍下去。

这种强忍，很不容易。我们说忍耐都是有限度的，因为我们不明白道理，硬忍总是会到达一个饱和点，到极限了，最后还会爆发。所以他说"且病根终在，东灭西生"。忍得了今天，忍不了明天；这件事情能忍，那件事情又不能忍。所以"非究竟廓然之道也"。这样用功夫就比较笨拙，不能够彻底地拔出我们的病根，所以往往效果并不是非常好。但是我们知道，事上忍这是用功的下手处，不要说这是一个笨功夫，我们就不从这里下这个功夫了，就想投机取巧，那你根本就没办法改过。所以我们真正想学圣道的，要从哪里做起？要从持戒开始做起。由戒而生定，由定而生慧。在戒的基础上，产生了定和慧，那过失就不容易起来了。但是在戒上一定要下真功夫。下面讲在事上改过的同时，也要把功夫提升。

【善改过者，未禁其事，先明其理。】

我们讲的是从理上改过，就是先要明白，为什么要改过？这个过失我为什么不能犯？你明白了，就不去做了。我的恩师常常引用他学佛的第一个老师章嘉大师的话，大师说佛法是知难行易。

你知道很难、能懂得这事很难,但是你真正明白道理了、真懂得了,做起来就很容易了。所以改过并不是难事,难在我们不明白道理,了解得不够深刻。所以听经闻法就很重要,听经闻法可以帮助我们明白道理。所以想改过,首先要明理。这里用杀生和怒詈这两个过失来做例子。关键是我们通过这个例子来举一反三,对于其他的过失,我们也要懂得明理而改过。

【如过在杀生,即思曰:上帝好生,物皆恋命,杀彼养己,岂能自安?】

当我们犯杀生这种过失的时候,马上要提起正思维,想到上天有好生之德,一切动物都爱惜自己的生命,跟我们人没有什么两样。凡是动物都是贪生怕死。所以"杀彼养己,岂能自安"?为了养活自己,满足自己的口欲,而去杀害动物,于心何忍?《弟子规》上讲"天同覆,地同载",我们同样都是生活在天地之间,为什么要杀害它们,而养活我们自己?

【且彼之杀也,既受屠割,复入鼎镬,种种痛苦,彻入骨髓。】

你想想杀害一只动物的时候,譬如说宰一只鸡。过去我看到过家里人宰鸡,确实是很可怕。要把鸡脖子上的毛拔掉一部分,然后把鸡脖子割断,把血放出来,鸡一直都在拼命挣扎,把血放完了之后,气还没断,就把它放到热水里面去煮,煮了之后再拔毛。"既受屠割，复入鼎镬。"当动物被宰、被割、被煮的时候，"种种痛苦，彻入骨髓"。那种痛苦，我们想象得出来，真的是入骨髓了！你想想假如我是那只鸡的话，会怎么办？这种痛苦，我能不能忍受？既然我不愿意这样痛苦，为什么让人家这样痛苦？"己所不欲，勿施于人。"下面：

【己之养也，珍膏罗列，食过即空，疏食菜羹，尽可充腹，何必戕彼之生，损己之福哉？】

我们吃的，不一定追求把山珍海味和一些肉食摆在我们面前，然后一口气把它吃完。"食过即空"，这些肉食即使再美味，吃到嘴里，过了喉咙，到下面就都一样了，什么味道都没有了，其实只是你那三寸的舌头能尝到味道。食过就空，然后就变成大便排出来了。那么你吃素不是也一样吗？"疏食菜羹，尽可充腹"，吃素食也能饱我们的肚子，而且素食的营养也很不错，我自己吃素已经十三年了，身体很健康，自从吃素以后就再也没去过医院。没得过大病，小感冒那些都不算什么病，也不用去看医生，喝点水、多休息就能好。素食真是很健康。你看我们的恩师吃素已经有五十六年了，现在八十余岁，哪一位老人能赶得上他的身体素质？吃肉食的人到晚年都是百病缠身、老态龙钟，不是关节炎，就是糖尿病、脑血栓、中风，全都是这些病。为什么会有这些病？就是吃出来的，所谓"病从口入"。

我有个亲戚在西雅图Washington大学，是华盛顿大学的医疗教授。她是专门研究心脑血管疾病,而且是位世界比较著名的专家。有一次我们去她那里走访。闲聊起来时,她告诉我现在心脑血管、脑血栓、中风这些病,已经成为人类健康的第一杀手。患这些病而死亡的人,已经是最多的了。根本原因在哪,她告诉我就是吃肉,动物蛋白、脂肪摄取太多。她不是学佛的,只是从医学的角度发现这个问题。所以肉食对身体没有益处,素食才会令人健康长寿。吃素不仅可以充腹,还能让人健康。

"何必戕彼之生,损己之福哉。"我们要吃肉,必定就要杀生。因为吃肉,到了晚年会患病,还痛苦,你何必还要去杀它、让它痛苦,自己又造业,损自己的福报,这是愚痴的人才干的事情。总在于自己忍不住口欲,其实只要把道理想明白了,知道口欲是你的妄念,只要把这个妄念放下就行了。再想想:

【又思血气之属,皆含灵知,既有灵知,皆我一体。】

又想到这些"血气之属",就是这些动物。它们都有灵知,都有灵性。当你爱护小动物的时候,它真的很愿意亲近你;你要是对它恶意相向,要赶走它的时候,它真的很害怕你。这是什么?它有灵知。你伤害它的时候,它就会痛苦。这在灵知上讲,就是我们的灵性是没有界限的,动物有,我们也有,一切众生都有!佛法里面讲得更清楚,"三世诸佛,同一心性"。这是讲在灵性、心性的角度上看,三世诸佛:就是指现在已成的佛、过去的佛,还有未来佛(未来佛就是我们六道众生、还没有成佛的,未来成佛的),所有众生都是同一心性。我们的灵性都是相同的。

"既有灵知,皆我一体",我们的灵性相同,在灵性的角度上看,我们是一体的。灵性,在佛法里称为自性。它是宇宙万物的本体,能生万法。我们所有的众生都是自性所现的相。要知道真正的我,就是我们的自性,所有众生"同一个我"。我们这些众生不同的现相,就好比一个人身体上不同的细胞而已。细胞与细胞之间要和睦,不能够打架,不能够你吃我、我吃你。

【纵不能躬修至德,使之尊我亲我,岂可日戕物命,使之仇我憾我于无穷也?】

这些心性上同体的众生,我们要怎样对待它们呢?要用我们的爱心。对自己要"躬修至德",修养自己的德行,才能让众生尊敬我、亲近我。如果这一点都没能做到,应该生惭愧心。"岂可日戕物命",怎能每天还要杀生害命。为了满足自己的口欲,把自己的快乐建立在别人的痛苦之上。"使之仇我憾我",跟别人、跟这些众生结下了不解的冤仇。

所以我们真正觉悟的人,希望这一生不再六道轮回,就要从断恶业开始,先修十善业。十善业就是不杀生、不偷盗、不邪淫、不妄语、不两舌、不恶口、不绮语、不贪、不嗔、不痴,这叫"躬修至德",修十善业。这样把生生世世的宿怨,以真诚心去化解。菩提道上,才能够一帆风顺。在菩提道上,为什么很多人有障碍?都是因为过去生中的冤亲债主,绝大多数都是杀生造的恶业。假如没有这些冤亲债主，我们的菩提道一定很顺利。那么到这一生明白了，就再也不能造恶业了。用我们的真诚心学佛，冤亲债主看到，他就能感动。不仅不会障碍你，还会护持你。所以想到过去没学佛之前造的很多杀业，现在一定要补过，不仅不再造杀业了，而且要多放生。

我在二十岁出头的时候，十多年前，那时候还在广州中山大学念书。那时刚学佛，知道过去杀业造得很重，就开始忏悔。我们校园的北门面对的就是珠江，所以我常常去那边放生。校园的北门旁边有个菜市场，我常常在那个菜市场里面买些鱼、螃蟹、泥鳅等这些生灵。然后用自行车，一箱箱地把它们推到江边去放。我一个人自己干，同宿舍里的一个同学，看到我跑到珠江边放生，他很好奇，有一天还跟着我来看。他不了解我为什么会这么做，他还笑我说，你这钱拿来放生，还不如给我买雪条吃。他不懂，但是后来看到我很真诚地在做，他被感化了，以后也跟着我一箱箱地搬着去放生。这是什么？赎罪。现在我们看到了这些被杀生的肉食，真的是为这些被杀害的众生感到难过，也只有真诚地为它们念佛回向了，善哉，善哉。

【一思及此，将有对食伤心，不能下咽者矣。】

想到这些受杀害的生灵，看到它们的尸体，想想一条鱼放在盘子里，那就是一条尸体，还忍心下筷子去吃？想到这个地方，真是"对食伤心，不能下咽"。

所以真正明白了这个道理，改吃素食就很容易了，叫你去吃肉，你都不敢，你都不忍心了。所以对待小动物，慈悲心也一天一天地增长。学佛的进步，就是慈悲心的不断增长。当我们慈悲心增长的时候，小动物们就不害怕我们了，甚至还会对我们很亲近。像我现在的宿舍里，每天厨房里都有不少蟑螂。虽然房间打扫得很干净，但还会有蟑螂，大概是从下水道爬上来的。每天回到宿舍一开灯，发现水池里面还有蟑螂。我就对着它们念阿弥陀佛，给它们做三皈依"皈依佛、皈依法、皈依僧"。念的时候，它们还能静静地听，念完了它们就走了。所以这些小动物在这里也很好，跟它们结法缘。我现在给它们念佛、超度，将来它们因为听佛号的功德、受三皈依的功德，可能会托生人道。将来，它们可能就是我们的听众。法缘是这么建立的，所以这也是好事情。

现在我的功夫还很差，远远比不上印光大师。印光大师年轻的时候，家里有很多的蟑螂、蚂蚁等昆虫。别人要打扫、清理房间，他说："不要动它们，是我自己的德行不够，才招惹它们来。"到了印光大师七十岁的时候，他的房间里一只蚊虫、蚂蚁都没有了。不管他到哪个地方，本来那个地方有蚊虫、蚂蚁的，只要他一到那里住下来，这些小动物就都走了。这是至德、大德之人，所以这些小动物们都很配合、很恭敬，都不来妨碍。所以我现在开始也要试一试，到七十岁的时候，看看小动物们能不能这么配合。下面讲的：

【如前日好怒，必思曰：人有不及，情所宜矜；悖理相干，

于我何与？本无可怒者。】

这是讲对治自己好怒的习气。在理上怎么改？要想到别人的过失，是因为他做错了事情，你何必要发怒，何必看不顺眼？人人都有可能犯过失，我自己也犯了不少过失。为什么不认真地严责自己，而去苛刻地要求别人？所以"情所宜矜"，这是可以理解、可以容忍、可以原谅的。"悖理相干"，他如果故意地毁谤我，来冒犯我，那是他不讲理，是他对我不好，这是他的事情。是他做错了，因为他不了解我，如果他了解了我，发现我并不是他想象的那么坏，他就不会发脾气，就不会来冒犯我。所以他来冒犯我，那是他的过失，"于我何与"，跟我不相干。再想想，如果是他误会了我，那我自己"本无可怒者"，本来就不应该发怒，是他的错，何必要用他的错误来惩罚我自己，让自己发怒？如果想想他骂的、毁谤的，还有点道理，确实是我做得不对、做得不够，就赶紧回头改正自己的过失，不但不要发怒，反而还要感恩他。

如果是他说对了，那是帮我们改正过失，我们要感恩他。如果是他说错了，那是什么？是帮我们增长我们的修养，提升我们的境界，还是要感恩他，这都是好事情。"本无可怒者"，有什么要值得发怒的？不但不应该发怒，而且应该生感恩的心。下面：

【又思天下无自是之豪杰，亦无尤人之学问，行有不得，皆己之德未修，感未至也，吾悉以自反。】

这是讲天下没有自以为是的豪杰。真正的英雄豪杰都懂得行有不得，反求诸己。不会认为自己很了不起，也绝对不会看别人的过失，"亦无尤人之学问"。尤人，就是埋怨人、批评人。像孔子、孟子、释迦牟尼佛，他们是真正的圣贤、豪杰，他们有没有自以为是？有没有批评人家？没有。他们都很谦虚、卑下，对人也很恭敬。像孔老夫子就说他所有的教学内容都是"述而不作"，都是转述古圣先贤的教诲，没有自己的创作。释迦牟尼佛说得就更彻底了，他说"如来无有法可说"，没有说过一句法。如果谁说如来说了法，那就是谤佛。所以佛所说的是什么？佛说的都是古佛所说的，只是现在转述一下。你看他们没有任何的骄傲，没有什么值得骄傲，"无自是之豪杰"，更没有去怨天尤人。

现在很多的父母都说自己的小孩怎样怎样不好教。也有不少来问我的。怎样把孩子教好？譬如说，孩子喜欢看电视，不肯专心致志地读书，精力分散、生活懒散。那我们要问一问，你自己是不是爱看电视？自己是不是也很懒散？是不是读书也不专心？我的母亲过去带我的时候，虽然那时我的年纪还很小，但是有一个很深的印象，就是我母亲很喜欢读书，读起书来也很专心，她从来不看电视。所以她也没特别教我不看电视，也没有特别让我要坐下来看书。我却一直跟着母亲，受她潜移默化的影响，也有爱读书的习惯，也不迷恋电视，读书也能专心。所以我跟很多孩子不同的地方，就是我母亲从来没有催我坐下来读书，反而她常常催我说，读书读这么久了，赶快起来运动运动、休息休息。我读书读得都忘了时间，中学开始就是这样。这是为什么？是因为受父母家教的影响，是母亲的潜移默化、身教的影响。所以当我们没有办法教化孩子的时候，第一个需要反省的是谁？是自己。"无尤人之学问。""行有不得，皆己之德未修"，我自己做得不够好，或者我的真诚心不够，才不能感化对方，所以"感未至也"，这个感动力不强，效果不够。所以"吾悉以自反"，我自己要好好反省，从自己身上找找原因。

【则毁谤之来，皆磨炼玉成之地，我将欢然受赐，何怒之有？】

如果我们真正懂得使用反求诸己的这个功夫，当有毁谤来的时候，就是"磨炼玉成之地"，正好是炼我功夫的时候，看我的内功有多深，能不能忍受这些毁谤。真金是不怕火炼的，美玉也要经过磨炼。所以毁谤来的时候，我绝对不能够生气，要生气了就完了，真正忍得住，那你的功夫就提升了。所以，"我将欢然受赐，何怒之有？"想到这正好是炼我功夫的时候，要感恩！骂我的人，是我的老师，我要欣然"受赐"，向他合掌，感谢他的赐予。赐给我什么？赐给我这些毁谤，让我提升。"何怒之有？"有什么值得我发怒的地方？想想，真的没有，他就是我的老师。所以你炼的是心胸宽广，能够容忍人，没有你不能容忍的。甚至连容忍别人、原谅别人这个念头都没有。别说我在容忍他，我在原谅他，如果还有这个念头。那么这种容忍，就还不够圆满，功夫还没到家。完全是什么？自然。心里不动这些念头，总是高高兴兴，这才是回归自然、回归本性。下面讲：

【又闻谤而不怒。虽谗焰薰天。如举火焚空。终将自息。】

我们一般人听到毁谤都气得不得了，要拔刀相向，挺身而斗，要跟他论理，这个时候就上当了。有真实学问的人，听到毁谤来了，他不会动气。不但不动气，念头都不为所动，还是一天生活在快乐当中。当我们听到别人毁谤我，恶意来造谣生事的时候，我们不上他的当，不动怒。这样他"谗焰薰天"，毁谤再大，就算是铺天盖地地盖过来，我还是如如不动。这样，他就是"如举火焚空，终将自息"，就像一个人拿着火把，烧这个天空、烧虚空，肯定烧不了。如果我的心像虚空一样，"无所不包，无所不容"，他那点儿火焰，烧到最后自己就会熄灭，何必去在意？

所以，你看我们恩师忍辱的功夫真正是修到家了，这一生可以说是千锤百炼。多少人毁谤他，但是我们的恩师都如如不动，知道自己是按照佛的教诲去做、去走，所以问心无愧。别人骂我那是他别有用心，我们不必与他计较，他是"举火焚空，终将自息"。所以过去很多人毁谤恩师，到一定时候这些毁谤自然而然就息灭了。最近，大陆也有人毁谤恩师。昨天晚上，恩师跟我讲，说有一位居士在大陆看到一篇报道，一看是毁谤我们恩师的报道，就非常气愤。然后把这篇报道还剪下来，传真给恩师。恩师对我说，他把这篇报道折起来，压在韦陀菩萨的像底下，根本就不看它，说这件事情由韦陀菩萨处理，因为韦陀菩萨是护法。后来，果然有一位东天目山的居士（东天目山是韦陀菩萨道场），他晚上发梦，梦到了韦陀菩萨说这件事，他就打电话给恩师，说韦陀菩萨告诉他，说这种毁谤，是过去生中的冤亲债主所为，没多久它就息灭了。恩师乐呵呵地告诉我，他说："我们不理他，他骂累了就不骂了。"这句话是恩师的名言，大家可以记住，别人骂我们的时候，我们不要理他，他骂累了就不骂了。你耐心等他骂，骂累了，自然就是"举火焚空，终将自息"，所以就等着他，直到他骂累了为止，自己的心地仍然是欢欢喜喜，这是圣贤的修养。下来看：

【闻谤而怒，虽巧心力辩，如春蚕作茧，自取缠绵；怒不惟无益，且有害也。】

如果我们听到了毁谤，很生气，还要跟他辩解，找出很多巧妙的理由，费尽心思去辩论。结果会怎样？愈辩愈糟，就好比"春蚕作茧，自取缠绵"，自己捆着自己，反而显得自己修养差。所以，"闻谤而怒"叫自寻烦恼。对待毁谤，最高的艺术就是无言以对，沉默、不理他。佛告诉弟子们，对恶意比丘就两个字"默摈"。默摈就是沉默、不理他。这才是真正的修养。

"怒不惟无益，且有害也。"我们如果忍不住发脾气，那就被他所动了，不仅解决不了问题，反而有害。有什么害？第一害自己，第二害别人。害自己什么？首先，我们的身体会遭受损害。发一场脾气，消耗的能量太大了。这个人为什么会生病？因为他的血液里有毒，发怒时血液里就会有毒。所以印光大师在《文钞》里讲了一个例子。一位刚刚发了脾气的母亲用自己的奶喂小孩子，结果小孩死了。后来一检查，才知道小孩是中毒了。为什么？因为吃了母亲的乳汁，乳汁里有毒。乳汁的毒哪来的？是发怒生出来的。所以发怒对身体是个很大伤害。如果人常常发脾气，身体一定不好，而且相貌也不好，我们看到，常常发脾气的人，是一脸的嗔恨相，脸黑黑的，看见都让人害怕。而且对自己的德行修养，更有害，对别人也有害。如果我不发怒的话，他骂累了，也就不骂了，他停止了，就不造业了。要是你跟他对着干，他的怨气就会更深，冤冤相报，没完没了。所以，这是害人又害己的事情。了凡继续说：

【其余种种过恶，皆当据理思之。此理既明，过将自止。】

了解了怎样从理上改，我们就依此类推。种种的"过恶"都要明白，为什么不能造。把道理弄清楚了，过失就很容易改正过来。下面请看，如何从心上改。

【何谓从心而改？过有千端，惟心所造。吾心不动，过安从生？】

这是讲第三个方面，从心上改过。怎么改？"过有千端，惟心所造"，一切过失都是我们的心造出来的。归根到底是什么？是自私自利的心，贪嗔痴的心。说到更彻底就是我们的妄想、分别、执著，是被这些造出来的。"吾心不动，过安从生"，如果我不起心动念，过失哪里来？过失都是起心动念而来，假如心不动，就没有过失。所以，我们要练习这种禅定的功夫。练习禅定的功夫，法门很多。我们学净土宗的，就用念佛法门。用这句佛号，把念头止住，心定在一句佛号上。念头才动的时候，马上觉照。古人讲"不怕念起，只怕觉迟"。你觉悟要快，慢慢能够把念头降伏住了，心就清净了，你就不会再犯过失。所以：

【学者于好色、好名、好货、好怒，种种诸恶，不必逐类寻求。】

真正想修学的人过失也很多，譬如说"好色、好名、好货"，好货就是贪图物质的享受；"好怒"，就是喜欢发脾气，这是贪嗔痴慢。种种的过恶，不必一条一条地去想我怎么改。

【但当一心为善，正念现前，邪念自然污染不上。如太阳当空，魍魉潜消，此精一之真传也。】

这是讲我们对于种种的过恶都不要理它，这个时候把心安住在善上。像《佛说十善业道经》里面告诉我们，"菩萨有一法，能断一切诸恶道苦，何等为一"，就是"昼夜常念思惟观察善法，令诸善法念念增长，不容毫分不善间杂"。心安住在善法上，"正念现前，邪念自然污染不上"。

我们要懂得真正要"一心为善",最好的方法就是念佛。一心念佛的时候,念念都是至善,阿弥陀佛是至善。所以,任何的自私自利、名闻利养这些污染都沾染不上,好比是"太阳当空,魑魅潜消"。魑魅,就是那些妖魔鬼怪。太阳一出来的时候,妖魔鬼怪都不见了。比喻正念现前,那些邪念就都没有了。"此精一之真传也",这是什么? 这是自古以来圣贤的真传。

改过,可以从事上改,可以从理上改,也可以从心上改,用的功夫不一样,效果就不一样。从事上改的那是强忍,是忍住不犯过失,但是用功夫确实很勉强、很不容易。从理上改的,是明白了为什么要改过的道理,改起来心就舒坦,比较容易。最上乘的功夫是从心上改,从心上改就是一心为善,不让邪念在心里生起。下面我们继续学习在心上改,从这段经文上面来探讨。

【过由心造,亦由心改,如斩毒树,直断其根,奚必枝枝而伐,叶叶而摘哉?】

这是讲过失都是由心造出来的,所以也要在心上去改,这是从根本上改。好比要斩除一棵毒树,最好的方法就是直断其根,把它的根砍断,这棵树就死了,何必要在树干上慢慢地去砍伐,或者是去摘一片一片的枝叶? 这样用功就不是从根本上去改。

【大抵最上治心,当下清净; 才动即觉,觉之即无。】

所以改过用的最上乘的功夫，就是对治自己的心念。当恶念起来的时候，这些自私自利、损人利己的念头刚起来的时候，马上就让它清净。要把这些恶念放下，回归到善念上，回归到清净上面来，做到一念不生。所以念头刚起，马上觉察，马上放下，这就是"才动即觉，觉之即无"。所以，关键的功夫就是用觉照。我们的心原本是清净的，没有任何的污染。什么叫污染？有起心动念就是污染。我们的真心是本自清净，丝毫没有起心动念，这才是我们的本来面目。现在起了念头、有了妄念，这就叫迷。所以一迷的时候，最关键的要觉察，我现在心里面起了念头，心动了，这一动就是迷，这时候马上觉察到，马上就把这个念头放下。所以古人讲"不怕念起，只怕觉迟"。念头起来这是习气，妄想是习气，这一动念马上觉察。念佛人的功夫就是在于能否提起佛号，马上提起这句佛号，不理这些妄念，它自己就消除了。所以提起佛号的速度要快，这种修行功夫就是从心上改。心里永远只保持一句佛号，历历分明，这是最好的方法。当然要做到这种功夫是很不容易的，尤其是对初学，这确实非常难。虽然是难，但是我们也要慢慢地去做，可以在事上、理上、心上同时用功。所以这里了凡先生说：

【苟未能然。】

就是没有做到从心上改。

【须明理以遣之，又未能然，须随事以禁之。】

这是告诉我们上根的人在心上改，中根的人是明理之后才改过，所以假如上根达不到，那我们至少要明白道理，改过就方便了。明白道理了，自然就放下了。譬如说我们知道造恶业会得恶报，真正明白了这个道理，怎么还会造恶业？如果还会造恶业，就说明还没明理。所以听经闻法能帮助我们明理，帮助我们提升改过的功夫。下根的人连这个道理都不明白，"又未能然"，就"须随事以禁之"。只能在事上去改正，就是严持戒律。虽然不懂得为什么要持戒，持戒的道理不明白，但还是要去持。就像我们遵守法律一样，虽然你并不是读法律的，你不一定很了解法律的来龙去脉，但还是要执行法律，遵守法律。这是分别对上中下三根所讲的，根性不同要用不同的方法。当然，我们做起来要三者混合使用，目的是只要把过失改正过来就行了。所以又说：

【以上事而兼行下功，未为失策。执下而昧上，则拙矣。】

这是讲上根的人不要以为自己是上根人，从心上改就行了，下事可以不管，也可以在事上不尽职。你这样想的话就完全错误了。要"以上事而兼行下功"，哪有说真正心上不起恶念的人还会造恶业？所以，如果标榜自己是上根人，所谓"酒肉穿肠过，佛祖心中留"，用这些话来自我标榜，说我现在造恶业没关系，我心里有佛祖就行了。你说他心里真有佛祖吗？假如他还杀生吃肉，他怎么可能有佛祖的慈悲? 这不等于自欺欺人吗? 这是举一个例子来说明。如果心里真正存着真诚清净慈悲, 就不会干那些恶事。这是要求我们不要好高骛远, 要注意打基础, 绝对要在戒律上, 在《弟子规》、《太上感应篇》、《佛说十善业道经》这些基础科目上努力落实。

"执下而昧上", 反过来说如果我们光在事相上去执著, 不明白道理, 也不懂得用心去改, 这样的功夫就很笨拙, 也不是改过的好办法。所以我们要改过, 不仅要严持戒律, 还需要通达这些理论、事相, 这样改起来才能圆融。以上讲的是改过的方法, 从事上、从理上、从心上教导我们怎么改过。下面所说的是改过的效验, 我们怎样检验自己改过的效果呢? 请看经文:

【顾发愿改过, 明须良朋提醒, 幽须鬼神证明。】

这个 "顾" 字是但是的意思。这是话锋一转说发愿改过, 除了自己要下功夫以外, 还需要有 "良朋提醒"。这是说真正要有善友帮助我们改过, 提醒我们。"幽须鬼神证明", 这是说你也需要和鬼神有感应, 需要他们的护持。这种提醒确实非常重要, 因为我们的习气毛病是无始劫以来养成的, 要把它一下子改过来, 很不容易。所以在修行的道路上有几位善友、志同道合的人一起修学, 互相勉励, 互相提醒鞭策, 这是莫大的福报。当然这是可遇而不可求的, 是多生多劫的因缘促成的。假如我们自己遇不到善友, 自己就要想方设法, 自己提醒自己。譬如说多听经, 家里每天放恩师的讲经光盘，听经就是提醒，这是老师提醒，善友提醒。另外家里供的佛菩萨的像，这也是提醒。佛菩萨的像都有表法的意思。譬如说本师释迦牟尼佛，看到这尊佛像，我们就想到佛的名号释迦牟尼。释迦代表仁慈，牟尼代表清净，所以这尊释迦牟尼佛的佛像就是提醒我们要仁慈、清净；看到观世音菩萨像，就是提醒我们要慈悲；看到地藏王菩萨像，就是提醒我们懂得孝亲尊师；看到文殊菩萨像，就是提醒我们办事情要有智慧，懂得当机立断，不可以感情用事；普贤菩萨的像是提醒我们要落实、实践，大行普贤王菩萨。所有的佛像都有表法的意思，都是提醒我们的。所以，佛教里面佛菩萨的像都是教学的工具，绝对没有迷信的色彩。请看下面经文，他说：

【一心忏悔，昼夜不懈，经一七，二七，以至一月，二月，三月，必有效验。一心忏悔，昼夜不懈。】

真正改过要努力地忏悔，忏悔就是改过。忏悔绝对不是说在佛菩萨像前跪着，把自己的罪业说一遍。你说一遍就又造一遍，又在你的阿赖耶识里面落了一次印象，这不是真忏悔。真忏悔是什么？知道自己做错了，以后再也不犯了。在佛菩萨像前发誓永不再造，这是真正的忏悔。昼夜都不懈怠，就是自己一天二十四小时都能够觉照，不再犯同样的过失。"经一七、二七"，过了一两个礼拜。这个七是指七天。乃至一个月两个月三个月，只要你持之以恒，不用很长的时间"必有效验"。真正就会有效果，

因为你真的是改过了。改过的现象是什么?下面经文讲:

【或觉心神恬旷,或觉智慧顿开,或处冗沓而触念皆通,或遇怨仇而回瞋作喜,或梦吐黑物,或梦往圣先贤提携接引,或梦飞步太虚,或梦幢幡宝盖,种种胜事,皆过消罪灭之象也。然不得执此自高,画而不进。

昔蘧伯玉当二十岁时,已觉前日之非而尽改之矣。至二十一岁,乃知前之所改未尽也;及二十二岁,回视二十一岁,犹在梦中,岁复一岁,递递改之,行年五十,而犹知四十九年之非,古人改过之学如此。】

了凡先生为我们提出了八条改过的效验,这是了凡先生自己的经验介绍。当然改过的效验不只这八条,通过这八条我们可以联想改过之后,真正觉得自己业障消除了。譬如说表现在"心神恬旷",自己觉得精神好了。原来提不起精神,现在精神很旺盛、很充沛,而且很开朗、很欢喜。"或觉智慧顿开",自己做事情也有智慧了。原来讲话笨嘴笨舌的,现在会讲话了;原来做起事来总觉得糊里糊涂的,现在有条不紊,产生智慧了。或者是"或处冗沓而触念皆通",在繁杂的工作当中,原来都觉得很厌烦,思绪打不开,总觉得很不顺利,现在觉得顺手了。感觉做起事来有条有理,很有头绪,不像以前那样乱糟糟的。甚至再繁杂的工作到我手上也显得轻而易举了,这是业障消除的表现。或者"遇冤仇而回瞋作喜",这是过去的一些冤家、寇仇见了面,对他们也不再怨恨，不再产生嗔恨了，见到他们也都很平淡，甚至还会生欢喜心。为什么？你心里的怨结打开了，怨恨化解了。他对我也如此，可能是他过去冒犯了我，看见我对他欢欢喜喜的，原谅他，不再跟他计较了，他也觉得很欢喜。这就是改过之后可以化解怨恨。

下面第五条"或梦吐黑物"，在做梦的时候发现吐出一些脏东西。这脏东西都是我们的业障，或者身上的那些肮脏的东西、疾病，在做梦的时候都吐出来了。醒来之后觉得身体轻盈、好受，这都是业障消除的表现。"或梦往圣先贤提携接引"，可能会梦到佛菩萨，或者是儒家、道家的圣人，他们来接引我们，这是很好的感应。在我们的同学里面都曾有很多这样的体验，梦到观世音菩萨在梦里洒杨枝甘露水浇灌你的头，或者是梦到佛菩萨为你说法等等，这都是好的感应。但是要注意，如果梦到这些好的现象，千万不能执著，不能够著相。什么叫著相？心里以为这是好现象，就产生了傲慢心，甚至还要到处跟别人讲，我见到佛菩萨了。这样的话，好现象也变成坏现象了，本来是佛境界都变成魔境界了。为什么？你执著了，执著就着魔了。

第七个是"或梦飞步太虚"，在梦中好像能够任意地飞行，身体轻盈。为什么身体轻盈？因为业障消除了，不再拖着我们，所以我们的身体就轻了，梦里的境界其实都是现实的反映。所以我们平时觉得身体很笨重，走起路来很容易累，那是为什么？是因为自己身上有业障，业障消除了，就会觉得身体轻盈。你看我们恩师都八十一岁了，走起路来还非常地轻。上楼梯也是又轻又快，我们年轻人得小跑追着他。这是业障消除的好现象。

下面是"或梦幢幡宝盖"，这是种种的瑞相。譬如说梦到了佛国，甚至梦到了西方极乐世界等等。譬如说世间人梦到了天宫等，这些都是很好的征兆。但是有了这些好的征兆，种种的胜事，我们知道是过消罪灭的现象，然而不能够"执此自高，画而不进"。假如我们执著这个境界，产生了傲慢心，这种现象反而会成为我们进步的障碍。要知道《金刚经》里所说的"凡所有相，皆是虚妄"，这些梦中的境界更是虚妄了。平时白天的生活都是虚妄，都是梦幻泡影，更何况说是你做梦时候的现相。所以不可以放在心上，要知道最重要的就是继续努力地修行改过。这样就不会画而不进。画就是自己画地为牢，终止进步了。古人修行改过确实是锲而不舍的。

《了凡四训》在这里举出了蘧伯玉的故事，蘧伯玉是春秋时代一位卫国的大夫，他二十岁的时候就开始用改过的功夫，每天都能够反省自己的过失而改正。到了二十一岁，他就已经知道二十岁犯的种种过失，然后努力地改正；到了二十二岁，看到自己二十一岁那年还是很多过失，于是又努力地改正。结果一年一年这么改，一直改到了五十岁那年，回首看看自己过去的四十九年还是有过失，就继续不懈地努力改正。所以古人改过之学如此。

【吾辈身为凡流，过恶猬集，而回思往事，常若不见其有过者，心粗而眼翳也。】

看到古人改过的用功，回想一下我们自己比起古人差得真是太远了。"身为凡流",我们现在是凡夫一个。什么叫凡夫?"过恶猬集",过失非常多,像刺猬的刺那么多,表示所做的恶事和犯的过失太多太多了。但是我们自己"回思往事",竟然看不到自己有过失,这是为什么?是因为我们"心粗而眼翳",我们的心太粗了,也就是说我们的眼睛有障碍,翳就是障碍。就像患了白内障似的,看不清东西,也看不清自己了,所以有过失不能够觉察。那么这个问题就很严重,有过失不能改,就一步步地堕落,真的是"日沦于禽兽而不自知",很可怕。这下面又讲:

【然人之过恶深重者。】

你不改过,过恶就愈来愈深重。

【亦有效验。】

怎么看出来?

【或心神昏塞,转头即忘;或无事而常烦恼;或见君子而赧然消沮;或闻正论而不乐;或施惠而人反怨;或夜梦颠倒;甚则妄言失志;皆作孽之相也。】

这是告诉我们,假如我们没有改过,继续放纵自己的话,那么过恶就会愈来愈重,接着会出现以下的情况,这些真是业障深重的情况。第一个"或心神昏塞，转头即忘"，这是说我们的精神愈来愈昏聩，总是提不起精神来，记忆力也愈来愈衰退，老记不住东西。人家说一件事，转头他就忘掉了。心力不集中，这是被恶业所缠。

另外一个"或无事而常烦恼"，无缘无故地自己就发脾气。本来一个人好好的，他坐着坐着就来火，自己烦恼得不得了，这叫自寻烦恼。"或见君子而赧然消沮"，见到正人君子、有德行有学问的人，他看到了并不高兴，反而会觉得心里非常地羞愧，或者是不喜欢。为什么会这样？因为自己造恶多端，不好意思去见正人君子。或者是见到正人君子，看到他们的言行跟自己完全相反，心里就不痛快，很难接受。在正人君子面前好像浑身都不对劲，坐卧不安。

"或闻正论而不乐"，这是听到正直的言论，古圣先贤的教诲，他就不高兴，甚至会毁谤，这都是因为自己恶习气的作用。那些正论、圣贤教诲好像都在说他的毛病，所以他不高兴。像清朝本来宫廷里面都读佛经、讲佛经，但到了慈禧太后当政的时候，她就把这个制度给废除了，为什么？我们猜想，大概就是因为慈禧太后听了这些佛经，好像条条都是在批评她、骂她。所以她"闻正论而不乐"，于是就废除了。

"或施惠而人反怨"，给别人送礼，布施物品，人家反而怨恨他，不感恩他。为什么？这也许是自己平日造恶，人家都知道你的行持，突然之间送礼给人家，人家觉得你是不是别有用心，所以他不能接受，反而会提防你几分。不但不会感激，还会特别留意你，看你到底要搞什么花招，这都是自己的恶业招来的果报。"或夜梦颠倒"，晚上老是做噩梦。梦到一些不好的事情，这都是因为平日恶念太多，所以日有所思，就夜有所梦，晚上都做噩梦。

"甚则妄言失志"，造恶更甚的，他的精神都会恍惚。我们说就像得了精神病，或者是痴呆症，他"妄言失志"，讲话都是乱七八糟、胡说八道、语无伦次的。精神完全不正常，这些都是"作孽之相"，都是造作恶业太多产生的现象。如果我们看到别人有这种现象，不要只是看别人，关键要赶紧回头来看自己，使自己提起高度的警觉。

【苟一类此，即须奋发，舍旧图新，幸勿自误。】

如果我们自己有了这些现象，哪怕只是一点点这样的现象，我们就要警觉到，是自己造恶太多了，没有觉照，要赶紧奋发，改过自新。这个"舍旧图新"就是改过自新。不要自己耽误了自己，趁着现在还有时光，还有一口气在，还没有到临命终时，就还来得及。改过要当机立断，从今天开始，从现在开始。

这一篇"改过之法"，我们就学习完了。

第四部分　积善之方

改过之后，还要努力地积善，才能够真正改造命运、营建幸福美满的人生。接下来我们学习第三篇"积善之方"，了凡先生一开头就引用了《易经》上的两句话：

【易曰："积善之家，必有余庆。"】

后头还有一句是"积不善之家，必有余殃"。这里是讲积善的人家，一个善人的家庭，他们的家人老实厚道，为人心地善良，往往以后就会发达。"余庆"就是以后的福报无穷。反过来如果是造恶的家庭，家人心地不善，就知道将来必会遭殃。我们看到社会上有不少的大富大贵者，这些富贵人家，他们的福报都很大，可是我们看到，他们并没有去积善。那为什么他还会有这么大的福报？要知道这些福报都是他过去生中修来的，这一生他富贵、享福。可是一享福他就迷了，就不知道修善、修福。他把过去修来的福报，这一生统统地消耗尽了。甚至他造恶，造恶会加速度地消减自己的福报。你再看看他的晚年，一般这种人的晚年都会很难过,再看看他的子孙,子孙都会没落。所以,常言说富不过三代,能有三代都是富裕的家庭,那是因为德积得厚,才会有这样的一种福报。

【昔颜氏将以女妻叔梁纥,而历叙其祖宗积德之长,逆知其子孙必有兴者。孔子称舜之大孝,曰:"宗庙飨之,子孙保之。"皆至论也,试以往事征之。

杨少师荣,建宁人。世以济渡为生,久雨溪涨,横流冲毁民居,溺死者顺流而下,他舟皆捞取货物,独少师曾祖及祖惟救人,而货物一无所取,乡人嗤其愚。逮少师父生,家渐裕,有神人化为道者,语之曰:"汝祖父有阴功,子孙当贵显,宜葬某地。"遂依其所指而窆之,即今白兔坟也。后生少师,弱冠登第,位至三公,加曾祖、祖、父,如其官。子孙贵盛,至今尚多贤者。

鄞人杨自惩,初为县吏,存心仁厚,守法公平。时县宰严肃,偶挞一囚,血流满前,而怒犹未息,杨跪而宽解之。宰曰:"怎奈此人越法悖理,不由人不怒。"

自惩叩首曰:"上失其道,民散久矣,如得其情,哀矜勿喜;喜且不可,而况怒乎?"宰为之霁颜。

家甚贫,馈遗一无所取,遇囚人乏粮,常多方以济之。一日,有新囚数人待哺,家又缺米,给囚则家人无食,自顾则囚人堪悯,与其妇商之。

妇曰:"囚从何来?"

曰：**"自杭而来。沿路忍饥，菜色可掬。"**

因撤己之米，煮粥以食囚。后生二子，长曰守陈，次曰守址，为南北吏部侍郎，长孙为刑部侍郎，次孙为四川廉宪，又俱为名臣；今楚亭德政，亦其裔也。】

　　了凡先生在"积善之方"这一章，一开头给我们讲了很多故事。以古今的一些案例，来为我们证明《易经》上的这句话"积善之家，必有余庆"，启发我们，鼓励我们去积善修福。首先讲孔子的父亲，孔老夫子的父亲叫叔梁纥，母亲家族姓颜。当颜家准备嫁女的时候，就先去考察叔梁纥的家族，发现叔梁纥的家族祖祖辈辈都在修善、积德，而且这个德已经积得很绵长了。于是颜家就预料到，这个家里将来一定会出现圣贤人，所以就把女儿嫁给了叔梁纥，后来颜氏果然生了孔子。孔老夫子能成为万世师表、至圣先师，这都是有来历的。

　　孔子最称叹的一位大圣人就是舜，舜的善行，最突出的就是他的大孝。从史料中可以看到舜的父母对舜很不好。舜的亲生母亲很早就过世了，父亲娶了一位继母，继母偏爱自己的孩子而迫害舜，好几次想把舜置于死地。但是舜从来没有把父母的这些恶念、恶行放在心里，反而常常反省自己是哪里做得不够，没有让父母欢心，依然保持他的纯孝之心。最恶劣的是，有一次父母要杀害他，让他下井去干活，舜下到井里以后，他的父母就把土填到井里去，想把舜活活地埋死。幸好当时舜非常有智慧，事先在井里就已经挖好了一条通道。他就从这条挖好的通道里跑了出来，没死。他的父母回到家里，看到舜早已平安地回来了，都惊呆了。但是舜一句话不说，还是像往常一样地孝顺父母。后来，舜至诚的孝心感化了父母，感动了乡里，而且也感动了当时的天子尧。所以尧派人请他出来帮助治理天下国家，甚至把自己的女儿嫁给他。后来尧把皇位都禅让给了舜。所以你看看舜的这种孝德，召感的福报，贵为天子，富有四海，而且子孙绵长，这都说明积善必然福报长远。

了凡先生又引用了当时明朝一些近代的案例，以此为自己的孩子说明白，确实"积善之家，必有余庆"。他讲了十个故事。

第一个故事讲的是杨少师荣。这是在建宁，也就是现在的福建省建瓯市的人。这位杨少师，少师是他的官位，就是太子的老师。这是三公，官爵很高的。他的家里人原来都是以济渡为生，也就是专门撑船渡人过河的船夫。有一次下大雨，发了大水。河流涨起来了，把很多的房屋都淹没了，甚至死了不少人。当时很多船夫趁机去捞取别人家里冲出来的一些货物和一些珠宝等物品。唯独杨少师的祖父和曾祖父只顾拼命地救人，对河里漂来的那些物品，根本没有放在心上，一件也没有拿。这显示出他们那种救人的慈悲心，以及他们的清廉。当时乡里的人看到他们只顾救人不拿东西，都讥笑他们，说这一家人真笨。可是没想到后来，杨少师出生以后，家里就慢慢富裕了，你看福报开始现前了。慢慢富裕起来以后，有一天，一位神人化身为一个道者来到杨少师家里，跟他的父亲说："你的祖父和父亲积了很大的阴德，所以你的子孙将来会贵显。你的祖父和父亲应该葬在某地，那个地方风水很好。"于是杨家就把他们的祖先葬在了神人所指示的地方，这个地方当时称为白兔坟，是一块风水宝地，别人都没发现。后来，果然生了杨少师。这位杨少师弱冠登第，还没到二十岁，他就考取了进士，后来做到了太子的老师。而他的曾祖父和祖父，就是当时救人的这一对父子，也被朝廷追封为相同的官爵。所以我们从这里看出，真的是"积善之家，必有余庆"。他们家能有风水宝地来安葬祖先，要知道这都是自己善行的感应。如果家里面没有积过善，德不够，也不可能感应到这样的风水宝地。

所以风水从哪里来? 真是福地福人居，福人居福地。这块地风水好，配给谁? 配给有道德、曾经修过大善的人，他才能担当得起。如果没有这样的大善，没有福德的根基，风水宝地送给你都会把你压死，不可能有真正长久的福报。所以我们晓得这个道理，重点不是要找什么风水宝地，也不是把家居改成什么风水好的环境，关键是从根本上修善修福。

第二个故事讲的是鄞人杨自惩。鄞这个地方，就是指现在的浙江省宁波市。有一位杨自惩先生，他刚开始的时候只是做一个小县吏，他存心很仁厚，而且非常守法，做人也很公平。有一次他的长官，就是县长，在审一个囚犯的时候愈审愈来气，就命人打这个囚犯，结果囚犯被打得血流满地，县令还是不息怒，还要继续打。这时候杨自惩就起来跪在县长的面前，哀求县长，不能再打了，再打就出人命了。县令就怒气冲冲地说，"这个囚犯，简直是太恶了。犯法，还不讲道理，不打他不行。"杨自惩就给县令磕头，哀求他说，朝廷现在很多人失了廉政，法律也并不一定公平，所以人民的信心都很涣散。如果我们抓到囚犯，应该更多地去体恤、怜悯他们，因为他们没有受过良好的教育，犯的这些过失也情有可原。所以我们抓到他不应该欢喜，连欢喜都不可以，更何况要发怒呢？他讲了这一番道理，县长听了之后，怒气就消了。想一想，是啊，朝廷从上到下有很多官员都为非作歹。再想想自己，当官是不是当得很清正，是不是没犯过失？也并不是，所以怎么可以责人责得这么严，于是就不再惩罚这个囚犯了。

你看古人提倡"作之君，作之亲，作之师"，这个"君"就是领导的意思，领导就要为人民做一个好榜样，这是"作之君"。古代把做官的人称为父母官，就是要像父母爱自己的孩子一样爱百姓，这是"作之亲"。"作之师"就是要教化他们，不是光抓他们、惩罚他们，如果不教育他们，只是惩罚他们，这就失去了当领导的责任了。

杨自惩家里很穷，但是这个人很慈悲。虽然家里几乎是一无所有，但是每逢看到囚犯们很饥饿，他总是拿出自己家里的粮食分给这些囚犯吃。有一天来了几个新的囚犯，是一路上长途跋涉来的，都已经是非常饥饿了，面黄肌瘦的样子。可是这个时候杨自惩家里又缺米，自己都不够吃，怎么去给这些囚犯？他就跟自己的太太商量。太太问他，这些囚犯是从哪里来的？杨自惩说是从杭州来的，这一路上他们都已经饿坏了。结果两个人商量之后决定，今天我们就不吃饭了，把自己家的米全部煮成粥，分给这些囚犯吃。所以你看他这种仁爱之心，真的叫舍己为人。后来杨自惩生了两个儿子，一个叫守陈，一个叫守址，他们都当了大官，成为南北吏部侍郎。侍郎就相当于我们现在的副部长。杨自惩的长孙也做了刑部侍郎。当时的刑部，我们现在称之为司法部，管司法的。他的第二个孙子做到了四川的廉宪，廉宪我们也可以称之为钦差大臣，他们都是当时朝廷的名臣。一直到了凡先生那个时代，杨家还有子孙在做大官，这都是讲善有善报。

【昔正统间，邓茂七倡乱于福建，士民从贼者甚众，朝廷起鄞县张都宪楷南征，以计擒贼，后委布政司谢都事，搜杀东路贼党。谢求贼中党附册籍，凡不附贼者，密授以白布小旗，约兵至日，插旗门首，戒军兵无妄杀，全活万人。后谢之子迁，中状元，为宰辅；孙丕，复中探花。】

了凡先生给我们讲的第三个故事发生在明朝正统年间，这是明英宗时代。当时贼党的首领叫邓茂七，他在福建搞叛乱。很多的百姓不明事理，都盲目地跟从了这个贼党，所以他们的声势也很浩大。当时朝廷就派兵去征讨，派了张都宪，结果把贼党打败了。后来为了剿灭余党，就委任布政司谢都事，去搜杀东路的贼党。这位谢都事，就是负责剿灭贼党的官员，是一个很慈悲的人，他并不想滥杀无辜，所以秘密收集了贼党的名册，然后就把一些小旗子送到那些无辜的百姓家里。凡是不属于贼党的、无辜的人都给他一面小旗，让他们插在自家的门口。等兵到了的时候，凡是插着白旗的，我们都不动他。这样就保护了上万家百姓，而没有滥杀。后来谢都事的子孙都贵显了,他的儿子叫谢迁,中了状元(状元是进士的第一名),后来也当了宰相。谢都事的孙子叫谢丕,也中了探花(探花是进士的第三名)。这说明子孙贵胜,就是因为祖上积德,保全了人命,所以他能够让后代显贵。

【莆田林氏,先世有老母好善,常作粉团施人,求取即与之,无倦色。一仙化为道人,每旦索食六七团,母日日与之,终三年如一日,乃知其诚也。因谓之曰:"吾食汝三年粉团,何以报汝?府后有一地,葬之,子孙官爵,有一升麻子之数。"其子依所点葬之,初世即有九人登第,累代簪缨甚盛,福建有无林不开榜之谣。】

第四个故事给我们讲的是莆田的林氏,莆田就在现在的福建省。有一个姓林的家族,从前有一位老母亲,她乐善好施,常常蒸很多的馒头和饭团,就是我们现在说的馒头或粽子,拿到屋外去布施给穷人。很多乞丐都来乞讨,而且不管谁来讨,都慷慨地给他,要多少就给多少,毫不吝啬。有一位仙人,化成一个道者,每天都来讨些食物。如是过了三年,这位老母亲每天都高高兴兴地布施,脸上显不出丝毫的厌恶,真心地布施。诚心修善,没有丝毫的计较,这是真的不执著,这就是佛门里讲的无住布施。过了三年,仙人有一天就跟这个老母亲说,你所供养的食物我已经吃了三年了,看来你是在真心地修善,你对我的恩德也很大,所以我要想想怎么来报答你。那老母亲说,不用了,我不需要你报答。仙人说, 这样吧, 你的府后有一块风水宝地, 将来你走了以后, 就让你的子孙把你葬在那里, 这会使你这个家族兴旺起来, 将来你的子孙当官进爵的会有一升麻子之多, 就是有一升的芝麻这么多, 你数数看这有多少? 说完仙人就走了。林家老母过世以后, 子孙就真的把老人家葬在了仙人指点的那块空地里。后来果然如仙人所预言的, 第一代他们林家就有九人登第, 考上了进士。以后一代代下来, 考上举人、进士这些功名的, 还有加官进爵的, 确实是不计其数。所以福建当时还有一首民谣, 叫作"无林不开榜"。就是说凡是考试后开榜的时候, 榜上不可能没有林家的子孙。换句话说, 每一榜上面, 林家的子孙都很多。这是证明, 修善真的是后福无穷。我们知道林家老母亲修的这个福, 福荫子孙。她自己往生以后, 去的地方就更好了。虽然她没有念佛, 但她必定是上升至天道, 在天上享福。

【冯琢庵太史之父, 为邑庠生。隆冬早起赴学, 路遇一人, 倒卧雪中, 扪之, 半僵矣。遂解己绵裘衣之, 且扶归救苏。梦神告之曰: "汝救人一命, 出至诚心, 吾遣韩琦为汝子。"及生琢庵, 遂名琦。】

下面第五个故事, 讲的是冯琢庵太史之父。这太史就是从前的翰林, 也是个大官。冯琢庵太史的父亲在过去是一个秀才。有一年冬天下雪, 天很冷, 他的父亲去上学。结果在路上, 发现有一个人倒卧在雪地里, 已经冻僵了。冯琢庵的父亲一看到这种情况，赶紧就把自己身上的棉袄脱下来，把这个冻僵的人裹起来，然后把他背回家里，慢慢地把他救活了。后来有一天，他晚上做梦，梦到一位神人跟他说，你救人一命，出于至诚之心，我现在要派遣韩琦来给你做儿子。大家晓得韩琦是宋朝一位很有名的宰相，也像范仲淹一样，出将入相。他在朝廷里当宰相，在朝廷外又能领兵打仗，也做过元帅。结果，这位神人说要派韩琦来给他做儿子。后来果然就生了冯琢庵，因为有这个梦，他的父亲给冯琢庵就起名琦，跟韩琦的名一样，叫作冯琦，琢庵是他的字。所以冯琢庵这一世能够这样贵显，都是前世有来历。能够来冯家投生，也是因为冯家的老父亲修善积德。你看佛家讲"救人一命，胜造七级浮屠"，浮屠就是佛塔。建造佛塔功德很大，造七级的佛塔，这个功德确实很大了，但是救人一命比造七级佛塔的功德还要大。这个故事告诉我们，修善积德要真正本着慈悲济世、救人之心，这才是真正的功德。

【台州应尚书，壮年习业于山中。夜鬼啸集，往往惊人，公不惧也。一夕闻鬼云："某妇以夫久客不归，翁姑逼其嫁人。明夜当缢死于此，吾得代矣。"公潜卖田，得银四两，即伪作其夫之书，寄银还家。其父母见书，以手迹不类，疑之。

既而曰："书可假，银不可假，想儿无恙。"妇遂不嫁。其子后归，夫妇相保如初。

公又闻鬼语曰："我当得代，奈此秀才坏吾事。"

傍一鬼曰："尔何不祸之？"

曰："上帝以此人心好，命作阴德尚书矣，吾何得而祸之？"】

下面一个故事讲的是台州应尚书。台州是在浙江省，有一位姓应的先生，他后来做了尚书。尚书就是部长。这位应先生壮年的时候在山里面苦读考功名。他为人非常地正直，所以在山里面自己一个人苦读也不害怕。有时候在山里面会听到一些鬼的叫声，让人毛骨悚然。有一天，这位应先生正在读书，在晚上很静的时候，突然听到外面有鬼叫，还有两个鬼在讲话。其中一个鬼说，明天这里会来一个妇人，因为她的丈夫很久都没回家了，所以公公婆婆要逼她嫁人。这个妇女很有气节，不肯改嫁，所以明天就会来这里上吊，我现在终于能找到替身了。因为这种自杀而死的鬼，都会找替身。通常这种自杀的鬼都很痛苦，自杀之后，他每七天就要再受一次死的苦，所以他要找替身，找了替身他才能解脱，所以现在终于有机会了。这是应先生在读书的时候听到两个鬼的一段对话，但是他也不害怕，真的是心地光明，不受邪气的影响。他就想，如果这个妇女真的要来这里上吊，那岂不是毁了人家？所以他马上把自己家里的几亩薄田卖了。卖了之后得了四两银子，虽然是很少的钱，但这也是他的全部家当。然后马上伪造了一封信，是以这个妇女丈夫的口吻写的信，连四两银子一起，就寄到了这个妇女家。公公婆婆拿起信一看，怎么是自己孩子写来的信，他没有死，还以为自己的孩子死了，所以要逼自己的媳妇改嫁。但是又看这封信，字迹不像是自己儿子的，正在犹豫的时候，突然又想到，字迹有假，但银子是真的。如果不是自己的儿子还活着，怎么可能会寄银子回来？所以想着想着，就不再逼媳妇改嫁了，所以这个妇女就没有去上吊。后来这家的儿子果然回来了，是出去做生意，做得太久，跟家里断了音信。回来之后，这对夫妇又能得到保全，避免了一次家庭悲剧。

这件事情发生以后，应先生还是在山里读书，晚上又听到那两个鬼在这里讲话。其中一个鬼说，我本来已经找到替身了，没想到被这个书生坏了我的事。另外一个鬼就跟他讲，那你不如去谋害他。结果那个鬼就说，我谋害不了，因为上帝知道这个书生心地很善良，救人一命，救人的家庭，所以已经给他封成尚书的命了，将来他要当尚书。现在是阴德尚书，我怎么还敢加害于他？应先生听到两个鬼这么一交谈，心里反而更生欢喜心了，就更加努力地去修善，知道善有善报，就更不害怕了，所以他是：

【应公因此益自努励，善日加修，德日加厚。遇岁饥，辄捐谷以赈之；遇亲戚有急，辄委曲维持。】

到了年荒欠收的时候，亲戚有需要，他总是慷慨解囊相助，善事也都是尽量去做。

【遇有横逆，辄反躬自责，怡然顺受；子孙登科第者，今累累也。】

甚至别人嘲笑他，恶意毁谤他，他都懂得反躬内省，绝对不会跟人家辩驳。真正做到行有不得，反求诸己，修自己的厚德。后来，果然做了尚书。而且他的子孙也有很多考上了举人、进士，得到高官。

【常熟徐凤竹栻，其父素富，偶遇年荒，先捐租以为同邑之倡，又分谷以赈贫乏。夜闻鬼唱于门曰："千不诓，万不诓，徐家秀才，做到了举人郎。"相续而呼，连夜不断。是岁，凤竹果举于乡，其父因而益积德，孳孳不怠，修桥修路，斋僧接众，凡有利益，无不尽心。后又闻鬼唱于门曰："千不诓，万不诓，徐家举人，直做到都堂。"凤竹官终两浙巡抚。】

下面第七个故事，讲的是常熟徐凤竹栻。常熟是江苏省的常熟市。明朝的时候，在常熟有一位徐凤竹栻。凤竹是这位先生的字，他的名字叫栻，徐栻字凤竹。徐凤竹的家里很富裕，他的父亲也是很慈悲，好善乐施。凡是遇到荒年，一些佃农欠收，他的父亲总是率先在乡里把这些田租给减免掉，当众把这些租契撕掉，免掉大家的租，以此来倡导所有的富裕人家都这么做，帮助老百姓。不仅减免田租，而且还把自家的粮仓打开，分粮以救济那些贫穷的人，所以积的善德很厚。晚上大家都听到有鬼在叫，叫什么? 就是唱歌，唱："千不诓，万不诓，徐家秀才做到了举人郎。"意思是说没有撒谎，徐家的秀才，就是徐凤竹，将来要考上举人。当时徐凤竹已经是秀才了，鬼唱的歌晚上都能听到。就在那一年，徐凤竹果然考上了举人，应验了鬼唱歌的内容。凤竹的父亲知道这件事情，真有感应，所以就更加努力地积德修善，一点都不懈怠。他知道善有善报，所以勤勤恳恳去做，修桥补路，斋僧接众，请出家人吃饭，供养三宝，另外接济这些贫穷的人。凡是有利益众生，利益社会的事情，他都尽力去做。后来，晚上又听到鬼在那唱："千不诬，万不诬，徐家举人，直做到都堂。"这是讲，没有骗你，徐家的举人，就是徐凤竹，将来一直做到都堂。都堂就是省长，是当时的江苏省长。当时江苏属于两浙地区，后来徐凤竹果然做到了两浙巡抚，就是两浙的省长。这说明真正积善之家，必有余庆，一点都不是虚假的。

【嘉兴屠康僖公，初为刑部主事，宿狱中，细询诸囚情状，得无辜者若干人，公不自以为功，密疏其事，以白堂官。后朝审，堂官摘其语，以讯诸囚，无不服者，释冤抑十余人。一时辇下咸颂尚书之明。

公复禀曰："辇毂之下，尚多冤民，四海之广，兆民之众，岂无枉者？宜五年差一减刑官，核实而平反之。"

尚书为奏，允其议。时公亦差减刑之列，梦一神告之曰："汝命无子，今减刑之议，深合天心，上帝赐汝三子，皆衣紫腰金。"是夕夫人有娠，后生应埙，应坤，应埈，皆显官。】

第八个故事，讲的是嘉兴屠康僖公。说的是浙江省的嘉兴市，有一位姓屠的先生，屠康僖公。他原来是刑部的一个官吏，相当于现在司法部里面的一个官员。这个人办事非常认真，办案子总是勤勤恳恳、认认真真地去了解案情, 常常在监狱里面跟囚犯一起生活, 了解案情。所以从囚犯那里了解到很多案件的实际情况, 知道有很多人是无辜受害的。于是就把这些情况, 秘密地上报给 (自己的主管) 刑部尚书。而且他自己也不居功, 完全把功劳推给自己的上司。后来进行审理, 因为尚书 (他的主管) 已经了解了案情, 所以确实让很多人得以申冤, 一下子解救了十几个人。大家都非常地敬服。大家都称赞刑部尚书是个清官, 能够明察秋毫, 而且非常清廉。事后屠康僖公又向他的主管报告说:"您看在天子脚下, 在首都都有这么多的冤案。像其他各地, 离天子更远的地方, 岂不是会有更多的冤情? 所以我们是不是应该向朝廷禀奏, 五年差遣一个减刑官, 到全国各地去了解案件, 考察实情, 为那些被冤枉的人核实平反或减刑。"尚书听到以后, 觉得这个建议非常好, 于是上报了皇上, 皇上就批准了这个建议。于是屠康僖公也被任命为减刑官, 和其他减刑官一起被派遣到各地去办案。

后来屠康僖公梦到了一位神仙, 神仙在梦里告诉他说:"本来你命中无子, 但是现在你这个减刑的建议, 深合天意。上帝已经决定, 赐给你三个儿子, 而且这三个儿子将来都做大官, 都是衣紫腰金。"都穿着紫袍。腰带金色, 就是高官。这是什么? 上天有好生之德, 往往不会过严地责罚人, 允许人悔过。如果有冤案, 那更是应该平反的。所以这条建议确实是很有阴德的。结果后来这位屠康僖公的夫人真的生了三个儿子。一个叫应埙, 一个叫应坤, 一个叫应埈。确实, 后来他们的官位都很高, 真是应验了神人在梦中的预言。这是讲自己努力修善积德，子孙才能贵显。我有什么样的存心，就能够召感什么样的子孙来投生。这里面没有任何的偶然，完全是感应而来。

【嘉兴包凭，字信之，其父为池阳太守，生七子，凭最少，赘平湖袁氏，与吾父往来甚厚，博学高才，累举不第，留心二氏之学。一日东游泖湖，偶至一村寺中，见观音像，淋漓露立，即解囊中的十金，授主僧，令修屋宇，僧告以功大银少，不能竣事；复取松布四匹，检箧中衣七件与之，内纻褶，系新置，其仆请已之。

凭曰："但得圣像无恙，吾虽裸裎何伤？"

僧垂泪曰："舍银及衣布，犹非难事。只此一点心，如何易得。"

后功完，拉老父同游，宿寺中。公梦伽蓝来谢曰："汝子当享世禄矣。"后子汴，孙柽芳，皆登第，作显官。】

下面第九个故事讲嘉兴包凭。浙江嘉兴地方有位包先生，包凭，字信之。包信之，他的父亲是池阳太守，就是安徽省贵池这个地方的长官。当时他有七个儿子，包凭是最小的。而且跟了凡先生家族还有一些亲戚关系，跟了凡先生的父亲往来得很密切。包凭本人是位很有学问，又很优秀的人。大概是命中没有科第，所以他去考试，总得不到功名，跟了凡先生是一个命运。后来包凭就开始留心道学和佛学。有一天，包凭在泖湖这个地方游玩，来到了当地乡村的一家寺院。看到寺院因为年久失修，观音像上面竟然漏雨，雨水刚好滴在了观音像上面，让这尊像都受了污染，他看了于心不忍，就马上请这个寺院的住持出来，把自己身上所有的钱，一共十两黄金，统统赠送给这位住持，希望他能修复这座寺院。可是住持跟他讲，修复寺院的工程挺浩大的，十两黄金不够用。包凭听到住持这些为难的话，于是马上把自己带的行李统统都解开，把自己带的那些布匹，还有七件新衣服，统统赠给住持，希望他能够尽力地把这个工程竣工。当时跟随包凭的一个仆从，就跟包凭说："老爷，你不要这样，我们把东西都给他了，那我们穿什么？"结果包凭说，只要观音圣像能够得以保全无恙，他哪怕是没衣服穿，光着身子也无所谓。当住持听到包凭这样的发心，讲出这样的话，非常感动，流着眼泪对包凭说，施舍银两和布匹，其实也并不是难事，难就难在您这一点发心，非常难得。

后来这座寺院真的修复好了。有一天包凭拉着父亲来到这座寺院游玩，晚上就住到寺里面。夜晚他做了个梦，梦到了伽蓝菩萨，伽蓝菩萨是寺院的护法。伽蓝菩萨来给他道谢说，"包先生，你修复寺院的发心功德很大。所以你的儿子将来会享很大的福，会做到高官。后来包凭的儿子包汴，孙子包柽芳都考上了进士，做了显官。自己虽然没有考上进士，没有做上大官，但是了解善有善报的道理，知道是自己过去生中没修好，所以这一生的福报不圆满，现世能好好地修，才能感应到自己的子孙贵显。而修善修德，关键是在发心，不在乎你的能力有多大，只要你尽心尽力了，你就功德无量。包凭是把自己身上所有的东西全部都布施了，丝毫不为自己想，全部都是为善事的圆满，所以这个功德就无法做到了。

有的人就问了，为什么布施钱财修佛像，或者是修寺庙有这么大功德？要知道，寺院是古代推行佛陀教育的学校，佛像也是教学的艺术。所以有很多读书人都到寺院里面读书、学习。寺院里的藏经楼相当于现在的图书馆。寺院常常举行讲经说法的法会，教导大众，教导人断恶修善，破迷开悟，这是很大的功德。而佛像表法的意思，我们前面也讲过，都是提醒我们要效仿古圣先贤。譬如说观世音菩萨像，观世音菩萨代表的是慈悲、救苦，塑菩萨像是为了提醒我们要存养慈悲心，救度苦难的众生。所以功德在这里。当我们看到了佛像，或者在寺院里面听经、闻法、开悟，那功德就很大了。

【嘉善支立之父，为刑房吏，有囚无辜陷重辟，意哀之，欲求其生。囚语其妻曰："支公嘉意，愧无以报，明日延之下乡，汝以身事之，彼或肯用意，则我可生也。"其妻泣而听命。及至，妻自出劝酒，具告以夫意。支不听，卒为尽力平反之。囚出狱，夫妻登门叩谢曰："公如此厚德，晚世所稀，今无子，吾有弱女，送为箕帚妾，此则礼之可通者。"支为备礼而纳之，生立，弱冠中魁，官至翰林孔目。立生高，高生禄，皆贡，为学博。禄生大纶，登第。】

最后是第十个故事，讲的是嘉善支立之父。这是在浙江嘉善这个地方，有一位支立先生，姓支名立，这是讲他父亲积善的故事。支立的父亲过去是在监狱的刑房里面做一个差役。有一天，一个囚犯被无辜诬陷，将要被判处死刑。这个囚犯非常地哀痛，就跟支立的父亲讲了自己的情况。支立的父亲知道他是无辜的，于是就想帮助他平反。这个囚犯看到这位差役想要帮助他，但是自己又不知道怎样报答他。所以当他的太太来探监的时候，他就跟太太说："支先生美意希望帮助我平反，只是我很惭愧，没有什么报答。明天你就请支先生到我们家，给他摆上酒席，而且请他留住一夜，你来侍奉他。希望这位支先生可以尽力地帮忙，我就能够得到解救了。"他的太太没想到自己的丈夫竟然说出这样一个计策。但是想想确实也没有什么其他办法了，家里确实穷，没办法报答人家，只好哭着答应了。等到第二天，他太太真的请支先生到家里去吃饭，而且跟支先生说明了自己丈夫的意思，然后就给支先生劝酒。支先生听到她这么一讲就非常不高兴，不但没有吃饭，而且是扭头就走。虽然这样，但还是尽心尽力地帮助这个囚犯，为他平反。

后来这个囚犯平反出狱，想到支先生的厚德，自己很惭愧，真是以小人之心度君子之腹，以为别人是一个无耻之徒。哪里想到支先生的气节、德行这么高。所以就跟他的太太一起登门叩谢，然后对支先生说："您的德行非常地深厚，在现前这个乱世已经非常少有了，您现在还没有孩子，我愿意把我的女儿送给您，做您的妾，服侍先生。因为先生没有孩子，所以娶个妾，在礼上也能讲得通。"支先生知道他们这一家确实是很诚恳，就答应了。于是备了厚礼去迎亲，娶他们的女儿回来。后来就生了支立。支立弱冠中魁，就是没到二十岁就考上了进士，而且后来当官做到了翰林孔目，也就是在翰林院里面的一个书记，官位很高。支立后来又生了儿子，儿子又生了儿子，儿孙都做到了很高的官职。孙子的儿子，也就是他的曾孙，也考上了进士。所以从这里可以看到，真是积善之家，必有余庆。这位支先生，就是支立的父亲，当时一念的纯正，就感得后福无穷。假如在那个紧要关头上失了正念，一念滑坡了，他将来怎么可能有这种福报？所以善恶之报，惟人自召，如影随形。自己的吉凶祸福，完全是自己一念召感来的，而这一念要靠平时不断地积累修养而成。

【凡此十条，所行不同，同归于善而已。】

了凡先生在"积善之方"这篇文章里，一开始给我们列举了十个故事，都是明朝当时的故事，都是脍炙人口的故事。虽然故事的内容不同，但是同归于善，都是讲善有善报，恶有恶报。修善最关键是我们的心量要大。假如我们的心量很小，只为自己修善，得一些小的福报，那么你得的福报就不会大。假如我们的心量很大，我们是为天下万民而去修福，这是量大福大，那么我们的福报随着心量的扩大就扩大了。佛法里教导我们"心包太虚，量周沙界"，让我们的心量跟虚空法界一样大。那我们的福报就是通自性，也是尽虚空遍法界，无量无边的福报，哪怕是做一点点善事，福报都无量。下面了凡先生给我们点出修善还有很多的学问。他说：

【若复精而言之。】

进一步去讨论：

【则善有真，有假；有端，有曲；有阴，有阳；有是，有非；有偏，有正；有半，有满；有大，有小；有难，有易；皆当深辨。为善而不穷理，则自谓行持，岂知造孽，枉费苦心，无益也。】

这是了凡先生在给他儿子的家训里面，进一步地为他阐述了修善的道理。修善还需要去细细地辨别。这可以在八个方面来辨别。所以这里讲了八对。就是善里面也有真假，端曲，阴阳，是非，偏正，半满，大小，难易这八对。我们都要细细地去辨别。否则，如果盲目地去修善而不明白道理，往往可能心里想去做善，但好心做了坏事都不知道。这叫"枉费苦心，无益也"。下面，给大家一对一对地来分析，这里面学问都很深。

【何谓真假？昔有儒生数辈，谒中峰和尚，问曰："佛氏论善恶报应，如影随形。今某人善，而子孙不兴；某人恶，而家门隆盛；佛说无稽矣。"】

第一，何谓真假？这是第一对。了凡先生就用一个案例，一个佛门的公案来阐述，善里面怎么会有真有假？这里讲的是中峰禅师，我们可能都知道中峰禅师。《三时系念》就是中峰禅师写的。他是元朝一位开悟的大德，在天目山修行时，有很多儒生向他请教，就问到，佛门里面讲善恶，都说善有善报，恶有恶报。但是为什么看到某人是善人，可是他并没有得到善报，子孙也都不兴？某人造恶，可是居然家门很隆盛，子孙也很贵显？佛讲的善有善报，恶有恶报的道理是不是无稽之谈？这些人都是不明白其中的原因，才向中峰禅师请教。

中峰禅师是这样回答的：

【中峰云："凡情未涤，正眼未开，认善为恶，指恶为善，往往有之，不憾己之是非颠倒，而反怨天之报应有差乎？"】

中峰禅师是位开悟的大德，他所说的一针见血。他说，我们都是凡夫，都有情执，没有洗干净，所以我们的正眼没有开，认不清善恶，往往会认善为恶，或者是指恶为善。自己辨别错误，不去惭愧反省，反而还要埋怨老天爷报应不公，这是罪上加罪。这些书生，听了中峰禅师这一段话，还是不明白，就继续问：

【众曰："善恶何致相反？"中峰令试言其状。

一人谓："詈人殴人是恶，敬人礼人是善。"

中峰云："未必然也。"

一人谓："贪财妄取是恶，廉洁有守是善。"

中峰云："未必然也。"

众人历言其状，中峰皆谓不然。因请问。】

怎么会把善看成是恶，把恶看成是善呢？于是中峰禅师就说："你们来说说看，你们认为什么是善，什么是恶？"有一个人说，打人骂人，是恶；敬人礼人对人有礼貌，有恭敬心，这是善。中峰禅师说，未必如此。另外一个人说，贪财妄取是恶；廉洁有操守，这是善。中峰禅师还是说，未必如此。结果每个书生都讲了他们心目中所认为的善恶，中峰禅师都摇头，未必如此。众人就反过来请教："请问禅师，您说到底什么是善，什么是恶？"

【中峰告之曰："有益于人，是善；有益于己，是恶。有益于人，则殴人詈人皆善也；有益于己，则敬人礼人皆恶也。"】

这就把善恶的标准给我们定出来了。真正的善一定是利益他人，利益众生的。哪怕是事情做得不够圆满，但是发心都是利益别人的，这就是善。如果发心为了自己的利益，你做的事，哪怕在效果上是利益社会的，还是算恶。所以，有益于人，打人骂人都是善。你看现在，父母管教孩子，发的是善心，希望孩子好，所以打他骂他都是善。有益于己的，为了自己的利益，而去恭敬人，对人有礼貌，那还是恶。为什么？因为你这么做是有利可图。所以：

【是故人之行善，利人者公，公则为真；利己者私，私则

为假。】

这是说明，辨别善恶真假的标准，就是要看发心是利人的还是利己的。利人的，利益社会的，利益大众的，叫大公无私，这才是真善。假如做善事，还夹着私心，还夹杂着自己的名闻利养，那么这个善事就是假的。

【又根心者真，袭迹者假；又无为而为者真，有为而为者假；皆当自考。】

这个"袭迹"，就是模仿的意思。"根心"就是发自真诚心去做的。所以，真正发心为大众，不要非得让人知道，让人看见。如果是装模作样去做善事，那就是假的。"无为而为"，就是我修善，不执著善。《金刚经》里面讲，离"四相"而行布施，无我相、无人相、无众生相、无寿者相。真正做了，心里绝不留下印象，这叫无为而为。"有为而为"，就是心里面执著善事，而且还有企图、有目的，这样做的善事就是假的。这些我们都要细细去辨别。

第二对辨别的是善的"端曲"。请看经文：

【何谓端曲？今人见谨愿之士，类称为善而取之，圣人则宁取狂狷。至于谨愿之士，虽一乡皆好，而必以为德之贼，是世人之善恶，分明与圣人相反，推此一端，种种取舍，无有

不谬。】

"谬"就是错误。如果我们不能细细辨别善的"端曲"，端就是端正，曲就是委曲，可能会导致错误。这里说"今人见谨愿之士"，现在的人看到那种所谓"谨愿之士"，什么是谨愿之士？就是为人很谨慎，表面上看来一团和气，但是却随波逐流。跟每个人好像都很好，但是却没有志气，不能担当的这种人，孔子斥责为"德之贼"。一乡的人都称他是好人，而且都向他学习取法。但这些都是乡人，凡夫俗子，未必有真智慧。而"圣人则宁取狂狷"，这种狂狷之士，可能表面上看起来，他们的行为没有那么检点，好像很刚硬，其实这才是真正有志气的人。他们有铮铮铁骨，有志气，心地非常刚直，往往这种人会冒犯很多人。所以，狂狷之士往往得不到乡人的敬爱。但是那些谨愿之士，虽一乡之人都赞叹他。孔子说，"乡愿，德之贼也。"为什么他是德之贼？因为他不能够带好这一乡的风气，所以称他是"德之贼"。他只会随波逐流，随顺大家的不良习气，没有树立良好的社会风气。所以世人的善恶，他们辨别得不清楚，分明与圣人相反。所以圣人看到的是真善，跟这些乡人所看的不同，他只取善行的本质、发心，不是看表面。所以种种的取舍，我们从这一点来推广，都要自己很好地去辨别，才不至于犯错误。下面：

【天地鬼神之福善祸淫，皆与圣人同是非，而不与世俗同取舍。】

"福善祸淫"，是天道自然的因果报应。修善的必定得福；造恶的，杀盗淫妄的，必定遭遇灾祸。天地鬼神对福善祸淫的见解，跟圣人相同。所以，他们对于这些乡愿之士，与大众同流合污、没有骨气的人，并不会赞叹，反而会蔑视他们。而真正对那些有志之士，真正的仁者，会加以保佑。《弟子规》上讲的"流俗众，仁者希。果仁者，人多畏"，因为他们"言不讳，色不媚"，所以，世俗人都对他们敬而远之，但是天地鬼神却会保佑他。所以：

【凡欲积善，决不可徇耳目，惟从心源隐微处，默默洗涤。】

我们积善关键要有端直之心，不可有丝毫委曲。"徇耳目"，就是欺人欺己，欺骗人家的耳目。我们看别人，也不能被别人欺骗了。我们自己断恶修善，真的要从内心深处，就像这里讲的"从心源隐微处"去默默地检点。不可以有丝毫的自私自利之心，而纯是济世之心，这叫作端。

【苟有一毫媚世之心，即为曲。】

假如我内心里面，还有一丝毫讨好世人的心态，为了讨好别人，假装做善事，就叫"曲"，委曲。又说：

【纯是爱人之心，则为端；有一毫愤世之心，即为曲；纯是

敬人之心，则为端；有一毫玩世之心，即为曲；皆当细辨。】

这里讲的是我们真正修善，内心里面达到纯净纯善，对他人的恭敬没有夹杂任何的私利。真正心里很纯净，纯是敬人之心。如果内心里面有一点玩世之心，自欺欺人，没有真诚的爱心、敬心，这就是曲。在佛门里面，把这个端，称为直心，端直的心，直心是菩提心的体。《大乘起信论》里面讲，菩提心是直心、深心、大悲心。所以，直心就是无丝毫的自私、不善夹杂在里面，这种菩提心才是成佛的条件。所以，《佛说十善业道经》里面劝导学人要昼夜常念善法，思惟善法，观察善法，不容毫分不善间杂。如果心里面还夹杂着不善，就有一点委曲，所以，我们真的要从心源隐微处默默检点、洗涤自己。下面一对：

【何谓阴阳。凡为善而人知之，则为阳善；为善而人不知，则为阴德。阴德，天报之；阳善，享世名。名，亦福也。名者，造物所忌；世之享盛名而实不副者，多有奇祸；人之无过咎而横被恶名者，子孙往往骤发，阴阳之际微矣哉。】

这讲得很清楚。什么是"阳善"，就是你做了善事，大家都知道。甚至广播电台、新闻都把你的善行给报道出来，大家都知道了，这就叫阳善。如果你做了善事没有任何人知道，你就积了阴德。"阴德天报之"，虽然世人不知道你在行善，他不能报答你，但是天很公平，天会来报答你。如果你要享阳善的福，就是享名，那么你做的善事，马上就报掉了，你就会有好名声传播出去。要知道这个名也是福，你的福马上就报掉，就没有后福了。更何况我们修善，如果只是为了名，而没有真正发出帮助苦难众生的心，这就是委曲的心。那会怎么样？名不副实。你并不是一个大善人，只是为了贪名，故弄玄虚，搞出这些善行让大家报道。"名者，造物所忌"，天地鬼神，都很厌恶那些名不副实的人。所以"世之享盛名而实不副者"，我们看到很多大慈善家享盛名，如果他"名不副实"，会怎么样？"多有奇祸"。往往都有一些突如其来的灾祸，降临到他的身上，或者降临到他的家里。

我们看到很多的人在享受着盛名，假如没有道德做根基，往往就会出奇祸。我们看到许多影艺界的人，大明星，那真的是有盛名，但是你仔细看看，这些明星能活到晚年，能得善终的并不多。这证明，光享盛名并不是好事情。

"人之无过咎而横被恶名者"，如果你没有犯过错，却无缘无故被人指责，背上了骂名，人家诽谤你，陷害你，批评你。甚至在公开的场合来攻击你，你都能忍受，心里面如如不动，这样的话，福就加上去了。福都是逆着加的，顺着来的那是享福，是消福，逆着来的才是加福。所以，这种人"子孙往往骤发"，他的德是这么积累下来的，所以子孙都贵盛。我们了解这个道理以后，就知道没有真正吃亏的。吃点亏怕什么，吃亏就是积福。所以"阴阳之际微矣哉"，这里面确实非常微妙，我们要认真地去辨别，然后断恶修善，不图名、不图利，多积阴德。下面：

【何谓是非？鲁国之法，鲁人有赎人臣妾于诸侯，皆受金于府，子贡赎人而不受金。孔子闻而恶之曰："赐失之矣。夫圣人举事，可以移风易俗，而教道可施于百姓，非独适己之行也。今鲁国富者寡而贫者众，受金则为不廉，何以相赎乎？自今以后，不复赎人于诸侯矣。"

子路拯人于溺，其人谢之以牛，子路受之。孔子喜曰："自今鲁国多拯人于溺矣。"自俗眼观之，子贡不受金为优，子路之受牛为劣；孔子则取由而黜赐焉。】

善也有是和非的分别，这里了凡先生举了孔子两个学生的例子。孔子是鲁国人，当时鲁国有一条法律规定，如果能从别的国家把鲁国的居民、公民用钱赎回来（譬如说在打仗当中，被人拉去做俘虏的），政府就会发给他奖金。孔子的学生子贡很有钱，他就为鲁国去赎人。赎了人以后，政府给的奖金他却不接受。我们看子贡好像很清廉，做善都不要报酬。可是孔子听说了之后，反而批评子贡，说："你做错了，要知道圣贤人做事情可以移风易俗，你做了好事，把人赎回来又不接受奖励，认为接受奖励就不廉洁。因为你很富有，可以不要这些奖励。但那些比你穷的人，他们可能就不去做了。因为赎了人，如果接受政府的奖金，跟你一比就会显得不廉洁；如果不接受奖金，生活可能会陷入困境。所以你的这种做法，反而会让很多人退心。这样的话，恐怕鲁国以后就没有人去赎人了。"

孔子另外一个学生子路，有一次走在路上，发现有一个人掉到了水里,于是子路马上就下去救,把他救上来了。那个人非常感激,为了报答救命之恩,就送给子路一头牛作为感谢,子路看他很真诚,就高高兴兴地把牛收下了。我们看子路,怎么做了好事,还要人家的报酬?但是孔子看到这种情况就很高兴。还赞叹他说:"你做的对。为什么呢?因为你带动了一个好的风气,今后,咱们鲁国就会有很多人效仿你,见人有难,就去相助。"

这两个例子,我们可以看出,圣贤人看善恶的标准,跟我们凡人确实不同。我们一般凡人都会认为,子贡做了好事,他不要报酬真是善。子路做了好事,要人报酬,就不善了。但是孔子却批评子贡而赞叹子路。为什么?了凡先生评论说:

【乃知人之为善,不论现行而论流弊;不论一时而论久远;不论一身而论天下。】

所以这里讲,善的是非,看什么?看它的影响面。影响面愈广,时间愈长,就是真善。所以,"不论现行,而论流弊。"如果现行是善,但是它的影响不善,像子贡所做的事情,对他本人来说很廉洁,这是善,但是却没有带出一个很好的社会风气。而圣人举事,学为人师,行为世范,做每一样事情都要想,这样做会给众生带来什么样的影响。所以,影响不善,哪怕现行是善的都不做。"不论一时,而论久远",这是看影响力的长远。"不论一身,而论天下。"所以想的层面很广,都是全天下的众生,不是只想着自己。

【现行虽善，而其流足以害人，则似善而实非也；现行虽不善，而其流足以济人，则非善而实是也。】

这是子贡做的，现行是善的，但却留下了不好的影响，这种是"似善而实非"，它属于非善，不是实善。"现行虽不善"，像子路，救人还要报酬，好像不善，但是"其流足以济人"，他的影响是好的，带动、鼓励了救人的风气。所以，"非善而实是也"，它不是非善，而是实善。

【然此就一节论之耳。】

这是用这么一个例子来说明。

【他如非义之义，非礼之礼，非信之信，非慈之慈，皆当决择。】

在这里，我们学习要懂得举一反三，从这两个例子，我们就可以去推广。"非义之义"，这个"义"就是应该做的事情，我们看什么事情是真的应该做，什么事情不应该做。譬如说，别人做错事，我们对他批评惩罚，这件事情应不应该。一般来说，我们不要去管人家，不要看人家的错，要宽恕别人、原谅别人。你要想到，如果你批评他，是真心地帮助他改过，那么他是可以接受的。但是如果你不帮助他，不给他指出他的错误，那么他就可能意识不到这个错误，甚至以后会变本加厉做错误的事情，会愈做愈大，这样反而对他不好。这时候就要批评指责，甚至有打有骂，这都是真正应该做的。我们举一个例子，像父母对待孩子，不应该只是溺爱。如果孩子有错误，你想到"若真修道人，不见世间过"，那么父母对孩子也抱着"不见世间过"的态度，那怎么行？不见别人的过失，这是跟一般人交往的一个原则，但是父母对孩子有教学的义务，要教育他。所以看到他的错误，应该帮他改正，这是应该做的。

"非礼之礼。""礼"，就是礼节，有礼有节，有礼貌也有分寸。待人有礼貌，这是对的。但是，如果你过分地礼貌，对人有太多的恭维、赞叹、礼敬，反而会让人生起傲慢之心，骄傲自负起来了，这就是非礼。

"非信之信"。做人要讲信用。但是，在特殊的情况下，为了顾全大局，连圣人都可以不讲求那种小信。譬如说，史料记载孔子有一次去卫国，途经一个卫国的属地，这里驻扎着军队。孔子发现这里的大臣正想举兵谋反，就准备赶紧去向卫国的国君报告，但是在途中被这个大臣截住了，不让孔子去报告。而且跟孔子说："除非你发誓不去见国君，否则我就不让你走。"在这种情况下，孔子就对天发誓，不去见卫国的国君。这个大臣相信孔子的人格，因为孔子真的是仁义礼智信做得很圆满，大家都知道、认可他的德行。如果他这样发誓，那就绝对会言出必行的。于是这个大臣相信了孔子的话，就退兵了。等他们走了以后，孔子说："走，我们去见卫国国君。"弟子们说："不行，老师已经发誓了，我们要讲信用。"但孔子说，在这一种大是大非面前，我们所发的誓是可以推翻的。因为我们是被逼的，被逼迫才发出这个誓愿。而且，不可以因为要维护我的小信用，而破坏这个国家的安全。所以你看，"非信之信"，这都需要我们细细去辨别。

还有"非慈之慈"。过分的慈爱，反而不是真慈。像我的母亲，在我小的时候，上幼儿园要翻一座山，走路需要半个小时以上。母亲为了锻炼我，让我自己背书包，书包挺大的。一个上幼儿园的小孩子，只有四五岁，却背着一个很大的书包，在街上跟妈妈走。路上遇到了一个熟人，看见我妈妈就说："哎呀，你怎么让孩子背这么大的书包？做母亲的要爱护孩子。"我妈妈看到这个人不是很明白自己的用心，于是在他面前就把书包接了过来。等那个人走了以后，又把书包还给我，继续让我背。这是锻炼我，也是真正的爱我。所以我从小身体就很好，腿也长得粗粗的，很强壮。这就是我母亲"非慈之慈"。如果只是溺爱，盲目地呵护孩子，怎么可以锻炼孩子成长？

【何谓偏正？昔吕文懿公，初辞相位，归故里，海内仰之，如泰山北斗。有一乡人，醉而詈之，吕公不动，谓其仆曰："醉者勿与较也。"闭门谢之。逾年，其人犯死刑入狱。吕公始悔之曰："使当时稍与计较，送公家责治，可以小惩而大戒；吾当时只欲存心于厚，不谓养成其恶，以至于此。"此以善心而行恶事者也。】

下面讲善的偏正，也举出个例子来讲。当时有一位吕文懿公，他的名字叫吕元，是浙江秀水县人，在明朝英宗正统年间曾经做过宰相。这位吕老先生是一位非常廉洁的官员，也很忠厚。所以，退休以后回到家乡，大家对他都非常恭敬，如泰山北斗。有一天，一个乡里的村民，喝醉了酒，来到吕老先生的宅府外面，在那里破口大骂吕先生。当时，吕先生的仆人就想把他赶走，或者是把他拉到官府治罪。但是吕先生却说，算了算了，这种无赖村民，是喝醉了酒，咱们不要跟他计较。就把大门关起来不再理他了。后来这个村民造了一个大罪，犯死刑入狱后，官府准备要去斩首了，吕先生知道了这件事情，他觉得很后悔，为什么后悔？就是当初这个村民来诬骂他的时候，假如当时把他送到官府去治罪，就可以小惩以大戒，他就不敢那么造次，也就不致会犯死刑了。所以这叫作以善心做了恶事，这个善反而偏了。

【又有以恶心而行善事者。如某家大富，值岁荒，穷民白昼抢粟于市；告之县，县不理，穷民愈肆，遂私执而困辱之，众始定；不然，几乱矣。故善者为正，恶者为偏，人皆知之；】

还有一种是以恶心做善事的，了凡也举出一个例子。说有一户大富人家，当时正好遇上了荒年，很多的饥民都去抢东西，在光天化日之下，去抢大富人家的东西。当时富翁就去县官那里告状，希望县老爷治理一下这种混乱的局面。但是，县官不理，结果饥民们一看官府都不理了，就更加放肆。结果这个大富人家没办法，只好叫自己的家丁把这些放肆胡闹的饥民绑起来，自己私设刑堂进行审讯，来惩罚这些造乱的人，结果把混乱平定了下来。那么发生这种事情，可以说大富人家是为了自己，是恶心，但是做的事情却是善事。为什么？帮助稳定了当时的局面。所以，我们都明白了什么是善的正和偏，善就是正，恶就是偏。

【其以善心而行恶事者，正中偏也；以恶心而行善事者，偏中正也，不可不知也。】

这就是讲，我们用善心做的事，如果效果上不利于社会大众，就是恶事，这是"正中偏"。但如果是以恶心，以自私自利的心做出来的事，在效果上反而有利于社会，这是"偏中正"。当然，我们要学习什么？要学习"正"，要正中正，以善心去行善事，这是值得我们好好学习的。下面一对，讲的是善的半和满：

【何谓半满？易曰："善不积，不足以成名；恶不积，不足以灭身。"书曰："商罪贯盈。"如贮物于器，勤而积之，则满；懈而不积，则不满。此一说也。】

这是讲，做善事有半善，有满善。《易经》上讲，积善要勤勤恳恳地积，因为"善不积，不足以成名"。那么恶？"恶不积，不足以灭身。"所以只要勤勤恳恳的积善，就能够积满。恶也会积满。了凡先生讲"商罪贯盈"，这是指商朝最后一个皇帝商纣王，造恶造到恶贯满盈，最后周武王起义师把商朝灭掉了，所以"恶不积，不足以灭身"。这是像"贮物于器"，像在器皿里面储存东西，就像我们的小钱箱，把一个硬币、一个硬币慢慢地放进去，勤而积之才能满。如果不是勤勤恳恳地去积累，就不能达到圆满。譬如说，我们学讲经的，这是在学着修善，因为弘扬圣贤教育就是最大的善。但是要勤勤恳恳地去讲，每天不要间断。如果是懒散了，想着每天讲两小时太辛苦，那就懈怠了，你的善就积不满，这是一种说法。

【昔有某氏女入寺，欲施而无财，止有钱二文，捐而与之，主席者亲为忏悔；及后入宫富贵，携数千金入寺舍之，主僧惟令其徒回向而已。

因问曰："吾前施钱二文，师亲为忏悔，今施数千金，而师不回向，何也？"】

另外一种说法，是讲一个例子。古时候一个小女孩，有一次到寺院里面去修福，布施。因为家里很穷，身上只有两文钱，到了寺院里，她就把这两文钱统统捐出来了，供养寺院，布施三宝。寺院的住持是一位开悟的法师，他看到女孩子这么诚心来布施，于是就亲自给她做忏悔、回向。后来，这个女孩子果然福报现前，被选入宫做了贵妃，想到自己之所以有这么一天，是因为过去曾经到寺院作过布施，所以就想要去还愿、去报恩。所以就带上几千两黄金，浩浩荡荡地到寺院里面去布施。当年的住持还在，听说当初的女孩子富贵了，来布施几千两黄金，只是叫自己的一个小徒弟出去给她作了回向、忏悔。结果贵妃看到这样的一个情况，心里就不服气，有疑惑了。

就来请教老和尚，"当初我是一个贫穷的女孩子，只布施了两文钱，您老人家还给我亲自忏悔、回向。为什么现在我布施几千两黄金，您却只叫一个小徒弟给我马马虎虎地作忏悔、回向了事呢？"结果，你看老和尚怎么回答：

【曰："前者物虽薄，而施心甚真，非老僧亲忏，不足报德；今物虽厚，而施心不若前日之切，令人代忏足矣。"此千金为半，而二文为满也。】

这是老和尚讲出来，为什么这次不给她亲自忏悔的原因。过去的那一次，她虽然只有两文钱，"物虽薄，而施心甚真"，非常真切、诚恳地来布施。老和尚说："如果不是老僧亲自给你忏悔，怎么能够报答你的恩德？因为你布施的心太真切了，所以你修的福就厚。现在你带着几千两黄金，这么多人跟着你浩浩荡荡来布施，你心里难免就有贡高我慢，心也没有过去那么真切了，所以请一个徒弟代为忏悔就足够了。"这就是所谓"千金为半，二文为满"，千两黄金也只是半善。为什么？因为她心不够真切。而二文钱所修的善是满善，因为她是以至诚心去做的。所以善的半满全在我们的心地，这是一种说法。

【钟离授丹于吕祖，点铁为金，可以济世。

【吕问曰:"终变否?"

曰:"五百年后,当复本质。"

吕曰:"如此则害五百年后人矣,吾不愿为也。"】

还有一种说法,这里举的是道家两位祖师的例子。汉钟离是我们所熟知的八仙之一,当时准备要传授吕洞宾(就是吕祖)一种点铁成金的技术。因为点铁成金,可以变现很多黄金来帮助穷苦的人。当时吕洞宾就请问汉钟离,说如果点铁成金之后,这个金子将来会不会再变成铁?汉钟离回答说,五百年之后,金子确实还会还原变成铁。吕洞宾就说:"如果变成铁,以后拿到这个金子变成铁的人就遭殃了。这样岂不是害了五百年之后的人?我不愿意学了。"汉钟离听了吕洞宾这番话,非常赞叹。他说:

【修仙要积三千功行,汝此一言,三千功行已满矣。此又一说也。】

道家,目的是成仙,修仙要积三千件善事。可是汉钟离给吕洞宾受记了,说:"就凭你刚才这一句话,你这三千件善事已经圆满了。"意思就是说他已经合格了,可以成仙了。所以,是满善了。我们可以从这三个例子看到,半善和满善的区别,都在于我们的存心。假如我们的存心毫无私心,是真切、真纯的善心,哪怕是修一点点的善事,都成为满善。假如我们还夹杂着烦恼,贡高我慢,夹杂着自私自利、名闻利养这些不善,去修善事,哪怕是修再大的布施，黄金千两，那还是半善。这是我们要细细去辨别的。

善的半满，还有一点，经文上说：

【又为善而心不著善，则随所成就，皆得圆满。心著于善，虽终身勤励，止于半善而已。譬如以财济人，内不见己，外不见人，中不见所施之物，是谓三轮体空。是谓一心清净，则斗粟可以种无涯之福，一文可以消千劫之罪。倘此心未忘，虽黄金万镒，福不满也。此又一说也。】

这一段可以说把善的半满的意思，说得非常究竟圆满。何谓真正的达到满善，关键是要心不著善，能够做到"三轮体空"。什么叫三轮体空？不见我自己在作善（修布施之后，不执著有我）；也不见我布施给谁（不执著那个人的相）；更不会看到布施的什么东西（不执著物的相）。这是三轮体空，心完全是纯净纯善。这样地修福，"斗粟可以种无涯之福，一文可以消千劫之罪"。正因为心量无比的广大，所以福报就修得无比的广大。这就是圆满的意思。

【何谓大小？昔卫仲达为馆职，被摄至冥司，主者命吏呈善恶二录。比至，则恶录盈庭，其善录一轴，仅如箸而已。索秤称之，则盈庭者反轻，而如箸者反重。

仲达曰："某年未四十，安得过恶如是多乎？"

曰："一念不正即是，不待犯也。"

因问轴中所书何事？

曰："朝廷尝兴大工，修三山石桥，君上疏谏之，此疏稿也。"

仲达曰："某虽言，朝廷不从，于事无补，而能有如是之力。"

曰："朝廷虽不从，君之一念，已在万民；向使听从，善力更大矣。"】

下面讲善的大小，何谓大小？了凡给我们举出宋朝卫仲达先生的一个例子，当时卫仲达是在翰林院任职。有一天他的魂被小鬼拉到了冥司，见到了阎罗王，阎罗王就审问他，命小鬼把卫仲达的善恶录搬出来。发现记载他恶事的记录堆满了整个庭院，记录他善行的，只有小小的像筷子那么大的一轴。卫仲达就问阎罗王，说我还没到四十岁，为什么造的恶竟然这么多？阎王说："一念不正即是。你心里面产生一个恶念，我们就给你记录下来。"你看，鬼神完全知道我们心里面产生的念头，不要以为我们的恶念好像没人知道，鬼神都能记录下来。所以你看，满满的一庭院都是这些恶的记录，还不等到你犯，只是一念不正，就已经是恶了。结果他又问，那记录在像筷子那么细的卷轴里头的善是什么？阎罗王就跟他讲，有一次朝廷兴建大工，准备做一个三山石桥，这件事情劳民伤财，你当时上了一个奏表，请求皇上不要做这件事情。像筷子细的那一轴善录，就是给皇上的疏表。卫仲达说，虽然当时写了这份奏章，但是朝廷并没有听从，还是造了这座三山石桥。阎罗王就说，如果当时的奏章得到了朝廷的准许，你的善就更大了，但是虽然朝廷不从，你的善还是有。后来把恶录和善录拿秤称了一下，发现像一根筷子一样大的善录，竟然比整个庭院的恶录还重。卫仲达又问了，为什么才做了这么一点事情，而且朝廷还没有听从，竟然会有这么大的力量。阎罗王就说："这是因为你上疏文的时候，心在天下万民，你真是为万民着想，所以你的善这么大。"所以了凡先生说：

【故志在天下国家，则善虽少而大；苟在一身，虽多亦小。】

关键是我们念念要想到天下苍生，哪怕是小事，哪怕是不成功的事情，我们的功德都无量无边。下来讲善的难易：

【何谓难易？先儒谓克己须从难克处克将去。夫子论为仁，亦曰先难。】

这是讲善的难易区别。儒家讲克己功夫，就是克服自己的烦恼习气，要"从难克处克将去"。就是你自己的烦恼，哪一条最严重，最难克服，就从哪里下手。"夫子论为仁"，仁就是爱人，"凡是人，皆须爱"，真正爱人的人，心里绝不会有自私自利、损人利己的念头，所以要先把自私自利的这些烦恼恶习"克将"出去，这是"先难"，先从难处下手，才是真正做到仁。譬如说，七情五欲里面哪一条最难克的，你就从哪里克，有的人贪财，有的人贪色，有的人贪名，总之，要从自己最重的烦恼习气那里先下手。下面举出几个例子，都是克己复礼这些善例：

【必如江西舒翁，舍二年仅得之束修，代偿官银，而全人夫妇。】

这个江西舒翁，是个教书的。他把自己所得的"束修"（"束修"是学生对老师的供养），两年所有的积蓄统统为别人偿还了官税，保全了一个家庭，一对夫妇。这样的事情，对于一个没有钱、贫寒的人来说，是非常难做到的。第二个善例：

【与邯郸张翁，舍十年所积之钱，代完赎银，而活人妻子，皆所谓难舍处能舍也。】

邯郸有位张老先生，遇到一家可怜人，因为生活所迫，被逼着要卖妻卖儿，结果他把自己十年的积蓄统统拿出来了，帮人家偿还赎银，保全了这个家庭。这都是很难舍的地方，但他却能舍。还有一个例子是：

【如镇江靳翁，虽年老无子，不忍以幼女为妾，而还之邻，此难忍处能忍也；故天降之福亦厚。】

镇江的靳老先生，虽然年老了却没有儿子，邻居就把自己的幼女嫁给他做妾，但是他"不忍以幼女为妾"，不忍耽误了孩子的前途，所以，把这个小女孩归还给邻居，这就是难忍的地方他能忍，所以他的福就特别厚。

【凡有财有势者，其立德皆易，易而不为，是为自暴。贫贱作福皆难，难而能为，斯可贵耳。】

你看别人难舍处能舍，难忍处能忍，假如我们有钱有势，本来做善事比较容易，但是偏偏就不做，这叫自暴自弃。而且是糟蹋了自己的福报。如果我们很贫贱，身无分文，但是看见别人需要帮助，我们可以倾尽所有去布施，甚至舍自己的生命去布施，这是"难而能为"。不要说贫贱的人修福难，"难而能为"，这才可贵，这样修的福就非常厚。这里共用了八对来辨别善，分析得非常透彻。除了辨别善的各个方面以外，了凡先生又给我们说了十大类善行：

【随缘济众，其类至繁，约言其纲，大约有十：】

给我们归纳得出十条善行的纲领：

【第一，与人为善；第二，爱敬存心；第三，成人之美；第四，劝人为善；第五，救人危急；第六，兴建大利；第七，舍财作福；第八，护持正法；第九，敬重尊长；第十，爱惜物命。】

这是了凡先生给我们举出的十条善行，如果在现代的社会里，我们能够带头做出这十条，那就是给社会树立了好榜样，那就是帮助构建和谐社会，真正可以帮众生消灾免难。下面我们一条条来看。

【何谓与人为善？昔舜在雷泽，见渔者皆取深潭厚泽，而老弱则渔于急流浅滩之中，恻然哀之，往而渔焉；见争者皆匿其过而不谈，见有让者，则揄扬而取法之。期年，皆以深潭厚泽相让矣。夫以舜之明哲，岂不能出一言教众人哉？乃不以言教而以身转之，此良工苦心也。】

第一条，何谓"与人为善"。这是讲舜王在年轻的时候，曾经在山东，有一个叫雷泽的湖，当时有很多人在那里打鱼，大家都争着到深潭去。因为深潭的鱼比较多，年老的人往往争不过年轻人，只好在那些急流浅滩的地方去打鱼。舜看到这种情况，心里觉得很难过，也很同情这些老年人。他就想，如何能扭转这种社会风气，让大家懂得敬老爱老，懂得互相谦让。于是他也去打鱼，他只去急流浅滩，主动把那些深潭厚泽和好的地方让给别人。如果看到有人让出来好地方，他就大力赞叹：你这个人真好，能够如此谦让。从来不批评那些争抢的人，只是赞叹礼让的人。结果过了一年以后，社会风气真的改正过来了，大家也都懂得了礼让，懂得把好的地方让给那些老人家，所以真的是靠修身而齐了家、治了国、平了天下。改变社会风气从我做起。本来舜可以讲一句话，号召大家不要争抢，应该礼让，这样完全可以行得通，因为他是很有威望的人。但是他不说，只是自己做一个好样子，以身作则，而且隐恶扬善，用这种方法，彻底地让大家觉悟，这是舜的良苦用心。了凡先生说：

【吾辈处末世，勿以己之长而盖人；勿以己之善而形人；勿以己之多能而困人。】

我们在这个所谓的末法时代，要效仿舜那种谦让，不要用自己的长处压别人、用自己的善来跟人家较量、用自己的能力去为难别人。我们要：

【收敛才智，若无若虚。】

要懂得谦虚，不要觉得自己值得骄傲。

【见人过失，且涵容而掩覆之。一则令其可改，一则令其有所顾忌而不敢纵。】

所以见到别人过失，我们采取什么态度？要包容，要替他掩盖。这样时间久了，他看到我们并不是看不到他的过失，而是看到他的过失却不说，这样他心里会感到惭愧，能惭愧他就能改，而且还会"有所顾忌，不敢放纵"。

【见人有微长可取，小善可录，翻然舍己而从之，且为艳称而广述之。】

这是讲我们看到别人有长处，哪怕是再小的优点，我们都应该全心全力，放下自己的立场，去帮助他，顺从他，随顺他。而且还要大力地赞扬和推广，让大家都效仿他，这叫隐恶扬善。

【凡日用间，发一言，行一事，全不为自己起念，全是为物立则，此大人天下为公之度也。】

在日常生活当中，我们每说一句话、每做一件事情，都是天下为公，都是要利益社会、利益众生，为别人做好榜样，这是"学为人师，行为世范"。这种态度和心行，才真正叫与人为善，帮助社会。这是第一条。下面讲第二条：

【何谓爱敬存心？】

什么是仁慈，尊重之心呢？

【君子与小人，就形迹观，常易相混，惟一点存心处，则善恶悬绝，判然如黑白之相反。】

君子跟小人就差那么一点，差在哪里？就在存心，君子的存心是什么？

【故曰：君子所以异于人者，以其存心也。君子所存之心，

只是爱人敬人之心。】

这就是君子跟小人不同的地方，小人是自私自利，而君子是爱人敬人。了凡先生这里说得很精彩：

【盖人有亲疏贵贱，有智愚贤不肖；万品不齐，皆吾同胞，皆吾一体，孰非当敬爱者。】

这里就是《弟子规》上讲的，"凡是人，皆须爱。天同覆，地同载"。人不管亲疏贵贱，智慧的还是愚笨的，贤能的还是不肖的，只要他是人，不管是哪一类的，他都是我的同胞，都和我一体，"四海之内皆兄弟也"。真是佛经里面讲的，宇宙万物，"唯心所现，唯识所变"。既然都是我们心识所变现的，当然跟我们是一体。心和识才是我们真正的自己，所以，心识变现的一切人、事、物都是我们自己，所以怎么能够不敬爱？道家也讲"天地与我同根，万物与我一体"。

【爱敬众人，即是爱敬圣贤；能通众人之志，即是通圣贤之志。】

为什么？

【何者？圣贤之志，本欲斯世斯人，各得其所。吾合爱合

敬，而安一世之人，即是为圣贤而安之也。】

一切的圣贤、佛菩萨，都爱敬众生。我能够爱敬众生，等于是跟佛菩萨、跟圣贤同心同愿，同德同行。所以爱众人就是爱佛菩萨，就是爱圣贤。"能通众人之志"，凡夫、众生的志向是什么？都是为了幸福美满的生活。我们能够为众生奉献，帮助众生过幸福美满的生活，就是通圣贤之志，这就是跟圣贤的志向相同。我能够"安一世之人"，帮助世界上的众生得到安宁，得到幸福美满，"即是为圣贤而安之也"，就是为圣贤而去帮助众生。所以，我们念佛的人，要"发菩提心，一向专念"，这是求生净土的两个条件。发菩提心，就是要发起普渡众生，帮助众生的心，这是阿弥陀佛的志向。我们能够发起真实菩提心，帮助苦难众生，就是通阿弥陀佛之志，就是为阿弥陀佛安众生。你跟阿弥陀佛同心同愿，这样就绝对可以往生。这是"爱敬存心"。下面一条：

【何谓成人之美？】

了凡先生举了一个比喻：

【玉之在石，抵掷则瓦砾，追琢则圭璋；故凡见人行一善事，或其人志可取而资可进，皆须诱掖而成就之，或为之奖借，或为之维持，或为白其诬而分其谤，务使之成立而后已。】

玉是在石头里。如果你不加以雕琢、磨砺,美玉就出不来。你把它扔掉了就非常可惜,所以你要追琢它,磨炼、雕琢它,才能使它成为一块宝玉。"圭璋"就是宝玉。我们看到别人"行一善事",或者是"其人志可取而资可进"。看见这个人有志向,而且他的资质也不错,可以栽培,就需要"诱掖而成就之",就要千方百计帮助他、提携他、奖励他、成就他,使他这种志向得以圆满,能力得以发挥。如果有人毁谤他、诬赖他,要帮他澄清。"务使之成立而后已",总是希望帮助他成才,这是帮助人,成人之美。

【大抵人各恶其非类,乡人之善者少,不善者多。善人在俗,亦难自立。且豪杰铮铮,不甚修形迹,多易指摘,故善事常易败,而善人常得谤;惟仁人长者,匡直而辅翼之,其功德最宏。】

一般来说,乡人里面是"流俗众,仁者希"。真正有眼光的,善良的人还是不多。所以真正的善人、英雄豪杰,在这些凡俗人群当中,经常会被批评、被指责。因为人都厌恶跟自己不同类的人,看见这些善人、豪杰跟自己好像格格不入,就会毁谤。在这种情况下,就特别应该帮助他成就,扶持他,使他能够成就学问,成就志向,这种功德确实是最大的,这就是第三条"成人之美"。那下面第四条:

【何谓劝人为善?】

什么叫"劝人为善"呢? 了凡先生讲:

【生为人类, 孰无良心? 世路役役, 最易没溺。凡与人相处, 当方便提撕, 开其迷惑。譬犹长夜大梦, 而令之一觉; 譬犹久陷烦恼, 而拔之清凉, 为惠最溥。】

劝人要劝人为善, 要知道人都是有良心的, 因为《三字经》上讲:"人之初, 性本善。"他之所以现在看起来不善, 那是因为"性相近, 习相远", 他的习性使他远离了善, 受到了这些污染, 掩盖了他善良的本性。只要加以劝化, 他就能够回头。"世路役役", 就是很忙碌, 你看众生一天到晚很忙碌, 从香港这里我们就可以体会到, 在这里面最容易沉沦。所以, 我们在跟人家相处的时候, 应该善巧方便地点醒别人, 能够让别人觉悟, 开启智慧, 破除迷惑, 这个功德就很大。就像一个人沉迷在忙忙碌碌的红尘里面, 突然有人点醒他, 就像大梦初醒一样, 又好像久陷于烦恼的时候, 服了一剂清凉散, 有一种特别清凉的感觉。

劝人为善可以口劝, 或者是以书劝。

【韩愈云:"一时劝人以口, 百世劝人以书。"较之与人为善, 虽有形迹, 然对证发药, 时有奇效, 不可废也; 失言失人, 当反吾智。】

不管是劝人以口还是劝人以书, 都有功德。劝人以口, 是当我们看到他的问题的时候，就可以应机说法，所说的，真的是对症下药，可以帮他很快地改正过来。如果在这个世间缘分不多，很多人不愿意听我们的，我们就可以写书，"百世劝人以书"，留给后代有缘的人看，他们能够得到觉悟，这也是很好的。下面讲：

【何谓救人危急？】

这是善事。危急，人人都难免。

【患难颠沛，人所时有。偶一遇之，当如痌瘝之在身，速为解救。】

人生不如意事常十之八九。当我们遇到人家有危急的时候，马上去解救，或者是慷慨解囊，或者是帮他申辩，这些都是功德。做法是：

【或以一言伸其屈抑，或以多方济其颠连。崔子曰："惠不在大，赴人之急可也。"盖仁人之言哉。】

我们帮助人，不一定要拿出多少钱，关键在于他有危急的时候，你及时赶到，就像及时雨一样，去解救他。那么，人家就会对你的恩德终生不忘。有时候可能讲一句话，就可以帮助他平反解

冤。或者你也可以多方奔走,帮助那些流离失所的人。总之,"惠不在大",救人之急,这就非常好。下面讲的是:

【何谓兴建大利?】

什么是大利?如何兴建大利呢?了凡先生说:

【小而一乡之内,大而一邑之中,凡有利益,最宜兴建,或开渠导水;或筑堤防患;或修桥梁,以便行旅;或施茶饭,以济饥渴;随缘劝导,协力兴修,勿避嫌疑,勿辞劳怨。】

这个"大利"就是帮助社会做一些利益大的事情。这里面了凡先生举了一些例子,所谓开渠导水,筑堤防患,修桥梁,施茶饭等等,这些都要随缘去做。我们看,现在社会最需要的是什么?现前人们都生活在痛苦烦恼当中,最需要的是圣贤的教育。所以我们现在努力地宣扬、推行、护持圣贤的教育,这就是最好的"兴建大利",确实能够把人唤醒,改变社会风气,帮助众生消灾免难。

【何谓舍财作福?释门万行,以布施为先。所谓布施者,只是舍之一字耳。达者内舍六根,外舍六尘,一切所有,无不舍者,苟非能然,先从财上布施,世人以衣食为命,故财为最重,吾从而舍之。内以破吾之悭,外以济人之急,始而勉强,终则泰

然，最可以荡涤私情，祛除执吝。】

这个"作福"通称布施，布施就是舍，舍不一定是舍财，这里讲"内舍六根，外舍六尘"。真正的舍就是放下，对内，眼耳鼻舌身意六根都能放下；对外，色声香味触法六尘都能放下，没有放不下的，这是舍到极处了。如果这样就恭喜你，你已经成佛了。学道，还不能成就的，就是不肯舍。要先学舍，得从舍财开始，财是身外之物，生不带来，死不带去。先不要说舍身、舍六根了，先从舍身外之物开始，舍财就比较方便。而且了凡先生说"世人以衣食为命"，一般人大多数把财看得很重。如果你舍财，第一个可以破自己的悭吝，破贪心。对外又能够帮助别人，看到人家有急难，有需要帮助的，你就可以救济他，这叫内外双得，利人利己。所以先从财上下手来布施。一开始是要勉强，咬着牙干，慢慢你就自如了。最后就能够做到"内舍六根，外舍六尘"，把自己自私自利的私情荡涤干净，破自己的执著和贪恋，就是真正的修行。

【何谓护持正法？法者，万世生灵之眼目也。不有正法，何以参赞天地？何以裁成万物？何以脱尘离缚？何以经世出世？】

真正的正法，可以帮助万世众生开悟，离苦得乐。所以没有正法，我们怎么可以帮助众生觉悟？怎么能够帮助众生转凡成圣？所以：

【故凡见圣贤庙貌、经书典籍，皆当敬重而修饬之。至于举扬正法，上报佛恩，尤当勉励。】

护持正法方面，做法也很多。当然见到圣贤的"庙貌"，圣贤教育的学校，经书典籍是教材，我们都要敬重。如有破损就要修补，而且要大量地印刷流通。"举扬正法"，这就是弘扬正法，弘扬圣贤教育，以"上报佛恩"。这是我们要好好努力去落实的。下面：

【何谓敬重尊长？家之父兄，国之君长，与凡年高、德高、位高、识高者，皆当加意奉事。】

"尊长"，在家里，父母是"尊长"；一个国家的国君、领导，他们也是"尊长"，都要敬重。敬重父母是孝，敬重国家领导人是忠，以忠孝存心，对于凡是年纪高、职位高、德行高的人都要敬重，对他们要加以奉侍。

【在家而奉侍父母，使深爱婉容，柔声下气，习以成性，便是和气格天之本。出而事君，行一事，毋谓君不知而自恣也；刑一人，毋谓君不知而作威也。事君如天，古人格论，此等处最关阴德。】

孝道帮助我们养成一种"和气"，就能够感格天心，这是敬重尊长的本。在家里养成孝心之后，到了社会工作，就会以孝心来对待一切人、事、物，这就是忠，忠于职守。

【试看忠孝之家，子孙未有不绵远而昌盛者，切须慎之。】

"忠孝之家"，子孙一定会昌隆，这是善有善报，"积善之家，必有余庆"。下面是爱惜物命：

【何谓爱惜物命？凡人之所以为人者，惟此恻隐之心而已，求仁者求此，积德者积此。《周礼》"孟春之月，牺牲毋用牝"，孟子谓君子远庖厨，所以全吾恻隐之心也。】

这是讲爱惜物命也是修善，对一切小动物，都要以爱心对待它们，这是我们的"恻隐之心"，有一种不忍伤害它们的心，"积德"就是积这个。"周礼"里面说，"孟春之月，牺牲毋用牝。"在春天祭祀时，不可以用母性的动物。为什么？因为动物在春天生育，所以你用它来祭祀的话，岂不是不仁慈？孟子说，"君子远庖厨。"君子远离厨房，不忍看杀害众生的场面，只是为了保全我们的"恻隐之心"。了凡先生在这里讲到，如果不能够断肉，那么就应该做到四不食：

【故前辈有四不食之戒，闻杀不食、见杀不食、自养者不食，专为我杀者不食。】

从这里我们慢慢培养慈悲心,慢慢地断肉。下面讲到:

【学者未能断肉,且当从此戒之。渐渐增进,慈心愈长,不特杀生当戒,蠢动含灵,皆为物命。求丝煮茧,锄地杀虫,念衣食之由来,皆杀彼以自活。故暴殄之孽,当与杀生等。至于手所误伤、足所误践者,不知其几,皆当委曲防之。古诗云:"为鼠常留饭。怜蛾不点灯。"何其仁也!

善行无穷,不能殚述;由此十事而推广之,则万德可备矣。】

这里就讲到,不单指我们不杀生,而且衣食的由来,往往都会有很多生命被杀害,譬如我们穿的丝织品就是通过煮蚕得来的。而我们吃的每一顿饭,都是在锄草种地的时候,就开始杀虫。所以,如果浪费衣食那就等于是杀生。我们平时走路,都要注意脚下的小虫子,不要误伤了它,培养自己的慈悲心,这些说的就是爱惜物命。以上所说的都是大的纲领,我们从这十条纲领去推广,就知道,存养一颗善心,就可以"万德可备"。

第五部分 谦德之效

最后把第四篇"谦德之效"简单地过一遍，它是保存我们善德、善福的一个很重要的德行。

【易曰："天道亏盈而益谦，地道变盈而流谦，鬼神害盈而福谦，人道恶盈而好谦。"是故谦之一卦，六爻皆吉。书曰："满招损，谦受益。"予屡同诸公应试，每见寒士将达，必有一段谦光可掬。】

这段一开始就用《易经》的话来讲，天地鬼神和人一样，都是喜欢谦虚，真正谦虚的人才能获福，所谓"满招损，谦受益"。在《易经》当中，六十四卦只有一卦是"六爻皆吉"，这个卦就是谦卦，所以，可见谦德多么的重要。了凡先生跟很多的书生来往，看到凡是有谦虚之德的读书人，往往都很容易考中，这是为我们证实"谦受益"。了凡先生在这里讲了五个故事，我们也简单地讲一讲。

【辛未(公元1571年)计偕，我嘉善同袍凡十人，惟丁敬宇宾，年最少，极其谦虚。

予告费锦坡曰："此兄今年必第。"

费曰："何以见之？"

予曰："惟谦受福。兄看十人中，有恂恂款款，不敢先人，如敬宇者乎？有恭敬顺承，小心谦畏，如敬宇者乎？】

了凡先生认识的一个人叫丁敬宇，虽然他年纪最小，但是对人都彬彬有礼，很谦让。于是了凡先生对他的朋友费锦坡说，这位老兄今年一定会考上。费锦坡就问他，你怎么见得？了凡先生就说，你们看这么多考生当中，有哪个人有丁敬宇的恭敬顺承？有哪个人像他一样小心谦畏？而且他能做到：

【受侮不答，闻谤不辩。如敬宇者乎？】

别人侮辱毁谤他，他都不会辩论。所以了凡先生说：

【人能如此，即天地鬼神，犹将佑之，岂有不发者？"及开榜。丁果中式。】

所以天地鬼神会护佑这种谦虚的人，后来他果然考中了举人。

【丁丑(公元1577年)在京,与冯开之同处,见其虚己敛容,大变其幼年之习。李霁岩直谅益友,时面攻其非,但见其平怀顺受,未尝有一言相报。】

另外一位是冯开之,也是了凡先生认识的。有一次,冯开之跟一位朋友在一起,那位朋友对他很不客气,当面攻击他。但是他竟然"平怀顺受",一点都没有生气,很谦虚。所以了凡先生就告诉冯开之:

【予告之曰:"福有福始,祸有祸先,此心果谦,天必相之,兄今年决第矣。"已而果然。】

"你确实有福的先兆,今年绝对会考上。"最后果然如此。

【赵裕峰,光远,山东冠县人,童年举于乡,久不第。其父为嘉善三尹,随之任,慕钱明吾,而执文见之。明吾悉抹其文,赵不惟不怒,且心服而速改焉。明年,遂登第。】

第三个故事讲的是赵裕峰,他在童年的时候就考取了举人,但是总考不上进士。有一次,他跟随父亲去嘉善这个地方上任,拜访一位钱先生,请他批改文章。钱先生很不客气,把他的文章涂的乱七八糟,但是这位赵裕峰不但不生气,反而口服心服,而且好好改正。结果第二年,他就考上了进士。

【壬辰岁，予入觐，晤夏建所，见其人气虚意下，谦光逼人，归而告友人曰："凡天将发斯人也，未发其福，先发其慧；此慧一发，则浮者自实，肆者自敛；建所温良若此，天启之矣。"及开榜。果中式。】

还有一位叫夏建所的，这是在了凡先生考上进士以后，有一次去见皇帝，碰到了夏建所。

了凡先生说，天要让一个人发达的时候，"未发其福先发其慧"，所以夏建所能够这样谦虚，温文尔雅，谦虚卑下，他确实就能考上。

【江阴张畏岩，积学工文，有声艺林。甲午(公元1594年)，南京乡试，寓一寺中，揭晓无名，大骂试官，以为眯目。时有一道者，在傍微笑，张遽移怒道者。道者曰："相公文必不佳。"

张益怒曰："汝不见我文，乌知不佳？"

道者曰："闻作文，贵心气和平，今听公骂詈，不平甚矣，文安得工？"

张不觉屈服，因就而请教焉。】

还有一个反面的例子，是讲在江苏江阴这个地方，有一个人叫张畏岩，他的学问很不错，文章写得也好，但是有一次没考中。他看到自己榜上无名，就大骂考官。旁边有一位道长就看着他笑，于是张畏岩就移怒于这个道长。道长就说："先生，您的文章一定写得不好。"张畏岩听了之后就更生气了，对道长说："你没看过我的文章，怎么知道我写得不好？"这个道长说："我听说写文章贵在心气平和，看您的心气一点都不平和，又大骂考官，文章怎么可能写得好？"张畏岩听了之后觉得道长讲的有理，就服了，然后向道长请教。

【道者曰："中全要命，命不该中，文虽工，无益也。"】

考中考不中全要看命，文章写得好不好，不是关键，自己要做一个转变。张畏岩问："既然都是命了，怎么转变？"

【道者曰："造命者天，立命者我；力行善事，广积阴德，何福不可求哉？"
张曰："我贫士，何能为？"】

这是讲造命由我，自己要去积福。张畏岩说，我穷书生一个怎么积福？

【道者曰："善事阴功，皆由心造，常存此心，功德无量，且如谦虚一节，并不费钱，你如何不自反而骂试官乎？"
张由此折节自持，善日加修，德日加厚。丁酉(公元1597年)，梦至一高房，得试录一册，中多缺行。问旁人，曰："此今科试录。"】

问："何多缺名？"

曰："科第阴间三年一考较，须积德无咎者，方有名。如前所缺，皆系旧该中式，因新有薄行而去之者也。"

后指一行云："汝三年来，持身颇慎，或当补此，幸自爱。"是科果中一百五名。】

你自己不肯谦虚，当然就修不到福了。后来张畏岩听明白了，回去谦虚求学，努力改正。结果三年之后，果然考上了。了凡先生最后有一段结论，我们把它念一念：

【由此观之，举头三尺，决有神明；趋吉避凶，断然由我。须使我存心制行，毫不得罪于天地鬼神，而虚心屈己，使天地鬼神，时时怜我，方有受福之基，彼气盈者，必非远器，纵发亦无受用，稍有识见之士，必不忍自狭其量，而自拒其福也，况谦则受教有地，而取善无穷，尤修业者所必不可少者也。】

教导我们真正谦虚，才是受福之基。

【古语云："有志于功名者，必得功名；有志于富贵者，必得富贵。"人之有志，如树之有根，立定此志，须念念谦虚，尘尘方便，自然感动天地，而造福由我。今之求登科第者，初未尝有真志，不过一时意兴耳；兴到则求，兴阑则止。】

再次强调我们立定志向，重新营造美满人生，积福修德还要谦虚。

【孟子曰："王之好乐甚，齐其庶几乎？"予于科名亦然。】

这是孟子对梁惠王讲的："您爱好音乐，应该把您爱好音乐的心，推而广之，爱天下的人民，使人民都欢乐，与民同乐。"我们求富贵、求福报、改造命运的人，也要有这种心，也要把自己改造命运修来的福报，跟众生同享，与民同乐，这样才能够慢慢地成圣成贤。

成圣之道

——《〈了凡四训〉印光大师序文》学习心得

大家好!

今天我们来学习《了凡四训》的印光大师的序文。我们昨天刚刚把《了凡四训》学习过一遍,我们花了六天的时间,十二个小时,很简略地把《了凡四训》通读、学习了一遍。《了凡四训》里面所含的道理很深很广,如果真正明白了,我们这一生不但可以改造命运,心想事成,而且成圣成贤也是有指望的。在学习了《了凡四训》之后,我们再把印光大师作的序文来认真学习一次。

印光大师,是清末民初净土宗的第十三代祖师。他的德行和威望,在佛门中是有口皆碑。祖师对于《了凡四训》是极力地提倡,并大量地印赠。希望我们真正了解因果的道理,真正学习、效法了凡先生改造命运,从而能够现生步入圣贤之列,报尽得生西方净土。所以,这篇序文可以说是《了凡四训》的一篇玄义。不但把《了凡四训》精华的理念加以了总结,而且加以了提升。我们现在开始认真地学习本序文。请看经文:

【圣贤之道，唯诚与明。】

这第一句话是本序的总纲，开宗明义就把圣贤的道理给点出来了。什么是圣？什么是贤？在佛门里面，我们称佛是圣，菩萨是贤。佛教中菩萨的位次有很多，我们称为三贤十圣。在《华严经》里面有十住、十行、十回向的菩萨，都被称为三贤；十地，就是从初地到第十地的菩萨就叫作圣，这些佛菩萨称为圣贤。在世间法上，人们把孔子称为圣，孔子的弟子们称为贤。

不论从世间法的角度去理解圣贤，还是从佛法的高度去理解圣贤，圣贤之道在哪里？印祖给我们用两个字总结出来，大师说，"唯诚与明"，就是在于诚和明两个字。怎么样才叫作诚呢？诚是很不容易做到的。曾国藩在他的读书笔记里面给诚下了个定义，叫"一念不生是谓诚"。一个念头不生的时候，这就是诚。在佛法里面，这种诚就是禅定，就是清净心。心里面一个妄念都没有，这是定。什么叫明？明就是慧，智慧明了。所以有定、有慧，这就成就圣贤了。

当然，定、慧是建立在戒律的基础上。戒律最根本的内容是教导我们做人的规矩，是要落实《弟子规》，落实《太上感应篇》，还有《佛说十善业道经》，这都是最根本的戒行。在这个戒行的基础上，才能谈得到诚和明。所以我们要了解诚和明，诚可以说是诸佛的性体，是代表真心。在《观无量寿佛经》里面讲到菩提心，菩提心的体就是至诚心。所以这个诚要用佛法的高度来理解，就是菩提心的体，是我们每个人本具的真心本性。这个明的含义就是用智慧去觉照, 对一切事相、一切的事理都能够明了, 这叫作明。这是以佛菩萨的高度来理解诚和明。从我们凡夫地来理解, 这个明就是指我们反省、觉察的功夫, 对于自己的习气、毛病、烦恼, 我们能够觉察。觉察以后就把它改正过来, 断恶修善。这就是明, 由明而达到诚。其实佛家讲的跟儒家讲的道理是一致的, 这诚明两个字是出自于儒家经典中《中庸》这篇文章。请看下面:

【圣狂之分, 在乎一念。圣罔念则作狂, 狂克念则作圣。】

"圣贤之道, 唯诚与明"是本序的总纲领。后面是教导我们如何达到诚与明。在这里, 祖师对利根和钝根的人教导的方法有所不同。首先是对利根的人的教导。这里"圣狂之分, 在乎一念", 圣就是指圣人, 狂就是指我们凡夫。圣人和凡夫的区别在哪里? 就在我们一念之间。这一念是觉, 是诚明, 就是圣人; 这一念是迷, 是不真诚、虚伪、迷惑颠倒, 那就是凡夫。所以, 这一念就可以区分圣与狂。其实圣狂并没有区别, 本性都是一样的。所区别的就是这一念觉, 或者是这一念迷。下面"圣罔念则作狂, 狂克念则作圣", 这是出自于《书经·多方章》里面的两句话。"圣罔念则作狂"中的"念"是指觉照, "罔"的意思是没有。所以圣人假如没有了觉照, 对自己的起心动念不能够省察, 那么圣人就变成凡夫了。

《三字经》一开始就告诉我们, "人之初, 性本善", 就是说每个人原本都有本性本善。而佛在《华严经》里更明了地告诉我们，"一切众生皆有如来智慧德相"，所以如来的智慧、德相我们每个人都有。换句话说，我们每个人都可以像佛一样称作圣人。但是我们这一念如果迷了，不能够起觉照，那就成为凡夫了。《大乘起信论》里面也告诉我们，"一念不觉，而有无明"。一念不觉察，就堕在无明里面了，堕入无明，就变成凡夫了。就这个道理，佛家跟儒家里讲的是一致的。

"狂克念则作圣。"我们现在是薄地凡夫，如何来成就圣人之道？就是克念而已。克是克服，克服我们的妄念。我们的起心动念就是迷，把这个迷克服住，不起心、不动念、不分别、不执著，这个时候就成圣人了。所以觉察的功夫非常要紧，这是成圣之道。下面：

【其操纵得失之象，喻如逆水行舟，不进则退。不可不勉力操持，而稍生纵任也。】

我们明了了圣凡之分，就在这一念觉或者是迷。如果是迷了，就不能觉照了，不知道自己起的念头是恶念，就没有办法操守了。"其操纵得失"中的"操"，意思就是操守，就是管住我们的念头，这是德行；"纵"就是放纵。如果我们不能够管住我们的念头，不能够觉照，而放纵自己的七情六欲这些妄念，那就成凡夫了。所以"得失"的含义是，操守就是得；放纵就是失。失去了什么呢？失去了我们的真心本性。所以这种现象就好像逆水行舟，不进则退。古人说"学如逆水行舟，不进则退"。这个学是指学道。真的，如果我们自己没有好好地作操持的工夫，不能常起觉照，以为自己能够操持得住。其实哪里知道我们是在逆水行舟，不前进的时候就是在退步了，而且一退就往往退到谷底。所以祖师劝导我们"不可不勉力操持"。要很勤勉、精进地去操持自己的念头，不令正念迷失，不可以"稍生纵任"。"纵"是放纵，"任"是放任。马马虎虎、苟且、随便，那就很难成就，只要稍稍放纵自己的念头就会退步。下面请看：

【须知诚之一字，乃圣凡同具，一如不二之真心。】

这个诚刚才讲过，它是菩提心的性体，也是我们人人本具的妙明真心。"在圣不增，在凡不减"，佛有，我们众生也有，所以叫"圣凡同具"。在《楞严经》里面把这种真心称为如来藏性。这个藏就是含藏的意思，每个人都有，我们众生不能显发出来，就叫它作藏性。

这个妙明真心，在经里面讲它是"不生不灭，不垢不净，不来不去，不增不减"。这是形容真心的状态。简单地作一个比喻，我们可以用一面镜子来比喻真心。真心常照，但是它又是寂静的。就像镜子，它没有照东西的时候，它自己很清净，是空寂的，但有人走到镜子面前，它马上显出人的样子。中国人照镜子是现中国人，外国人去照镜子就是现外国人，一点都不会捏造事实，不会改变外面的相。照得清清楚楚，了了分明，这是我们真心的作用。

这个寓意是什么呢？即我们的真心虽然是"不来不去，不垢不净，不增不减，不生不灭"，这叫不二，但是它起作用，确实能现十法界依正庄严。我们的宇宙是哪里来的？是真心变现出来的。这种真心，每个人都有。六祖惠能大师在《坛经》里面，他开悟的时候给我们讲，"何期自性，本自清净；何期自性，本无动摇；何期自性，本自具足；何期自性，本不生灭；何期自性，能生万法。"这都是描述真心的状态，我们了解到我们自己有真心。相信佛所说的人人本具之真性，虽然我们现在还没有见到真性，但是我们知道，确实有。我们深深地相信，这对我们的修行有很大的帮助。那么我们的志向就是要恢复真心本性，见到我们这个真心本性。用什么方法去恢复？用什么方法去见性？请看下文：

【明之一字，乃存养省察，从凡至圣之达道。】

见到真心的人，就称为圣人。他们用的功夫是什么？"明之一字"，这"明"就是"存养省察"的意思。"存"就是存心，我们的存心该如何？"养"就是修养，自身修养，"省"就是反省，"察"就是省察、觉察。这就是平时在起心动念上，在言语造作上常常起观照。看看我自己是符合正道？还是变成了邪道？是善的还是恶的？这是"从凡至圣之达道"。从凡夫位到圣贤的地位没有别的，只有认真地作"存养省察"的功夫。这个"达道"就是通达，到达圣贤地位的方法。下面请看经文：

【然在凡夫地，日用之间，万境交集。一不觉察，难免种种违理情想，瞥尔而生。】

这是讲我们凡夫之所以没有办法证得圣贤的位次，原因在哪里？就是在日用平常生活当中，处事待人接物当中，在"万境交集"的时候，我们每天从早到晚的生活，遇到了种种事情，见到种种人，看到种种的色相，听到种种的声音，我们六根接触到外面六尘境界，眼见色，耳闻声，鼻嗅香，舌尝味，六根接触六尘境界的时候；"一不觉察"，没有观照的时候。"难免种种违理情想，瞥尔而生。"如果不觉察，就难免会有一些错误的知见、错误的念头——"违理情想"就生出来了。"违理情想"就是违背理性，违背我们真心本性的，不能随顺性德的这些情想。情就是七情六欲，喜怒哀惧爱恶欲，财色名食睡的贪染。这些起心动念都往往"瞥尔而生"，忽然间就生出来了。一生出来的时候我们不能够觉察，这个时候就堕落了。要知道圣人无心，他不会起妄念。当这些念头起来的时候，假如我们不能觉照，我们就偏离了圣道。如果这些念头是恶念，是自私自利的念头，是贪嗔痴慢的念头，那么我们就堕到三恶道里去了。

我举个简单的生活例子，大家就可以想想自己是不是常常会出现违理情想。譬如说我们在用电脑的时候，要看电子邮箱。电子邮箱里面有时候会来一些不好的邮件，你要是一看到就被它吸引，产生好奇心想进去看，这样一起心动念，违理情想就出来了。瞥尔而生，什么时候产生？自己要是不觉察，自己都不知道，然后进去看。假如是一些不好的、污染的东西吸引着你,你就一直看下去,可能看了很久才突然醒悟这些东西不能看! 这个时候你就产生了觉照,你就把恶业给断掉了,赶紧回头。再回头看看、想想,我的堕落是从什么时候开始的? 自己也没有觉察,所以这叫作无始无明。它没有开始,你自己都不知道它什么时候开始的。假如你知道它开始,你就不会让它延续。这种违理情想一出现,就让我们完全掉到了贪嗔痴的世界里面,就进了三恶道。等我们觉悟了,断除了违理情想,马上就可以从三恶道里出来。所以用这个例子你可以看到,一天到晚我们就在六道里面打转。我们的念头一会儿起贪,那就是在饿鬼道;一会儿起嗔,那就是在地狱道;一会儿起痴心,那就是在畜生道。愚痴,见到这些不好的东西,也不懂得觉照,这就是愚痴。如果一看见别人在受苦难,马上起一个慈悲心要帮助他,这就是在天道;如果想着我要遵守伦理道德、持五戒,这就是在人道。所以,从这里你看看,六道轮回怎么来的? 真是唯心所现,唯识所变。所以下面讲:

【此想既生,则真心遂受锢蔽。】

当我们的妄念一起来的时候不能觉照,就随着妄念被它拖着走,那么我们的真心本性就被蒙蔽起来了。这就像用太阳来比喻我们的真心本性,突然出现乌云把太阳给蒙蔽了,阳光照射不下来。那么乌云是不是真的把太阳蒙蔽住了? 没有! 太阳还在那里朗朗当空。乌云代表的是无明、习气烦恼,你把乌云去除掉了,太阳还是依旧放光。所以我们晓得当我们造业的时候，起心动念造恶业了，我们的真心就被蒙蔽了。虽然蒙蔽，可是真心还在，没有受到丝毫的污染，没有受到丝毫的破损。那么我们由此了解到，怎么样可以把真心显现出来呢？只要把这些乌云（无明、习气烦恼）去除掉了就可以了。这一觉照就回归本性，乌云就没有了。我们平时生活当中要常常用这个功夫。如果真心被这些违理情想蒙蔽了，我们看：

【而凡所作为，咸失其中正矣。】

所做的事情马上全部失掉了中正，就是偏斜了。所以有了这些违理情想，我们称其为邪念，堕入了邪念，堕到了无明里面以后，所做的事情全部都会失去中正。所以最重要的是赶紧回头。大家听到印祖的这些开示以后，要把它落实到日常生活当中。像我们如果走出讲堂，走到街上，马上"万境交集"会都来了，各种各样的诱惑全部都来了，那些路上不好的广告牌，眼前的人们摩肩接踵地在路上走着，还有一些赛马会。那么你看到这些景象，还能不能够保持不起心、不动念？假如一起心动念，就退到第二步了，此时能不能立刻就起觉照？马上观察我的念头正不正？如果不正，赶紧回头，不能再迷惑颠倒下去，这就是真修行。那么请看下文：

【若不加一番切实工夫，克除净尽，则愈趋愈下，莫知底

极。徒具作圣之心，永沦下愚之队。可不哀哉。】

印祖讲的真的是句句精彩！告诉我们在这些违理情想、贪嗔痴慢的念头起来以后，如果不加上"一番切实功夫"，把它克服掉，把它清除掉，那么我们现在所说的想要学圣道，想学佛，那只有口头的，没有实际的，就会"愈趋愈下"。虽然学佛了，如果没有落实仍然会堕落。所以这里面最重要的是"切实"两个字。要把这些圣贤的教诲，切切实实地落实到我们的生活行为上。时时刻刻、在在处处去观察，去反省，去改过，把那些五欲六尘、贪嗔痴慢、自私自利、名闻利养的念头，"克除净尽"。不但是克除，而且要干干净净，一点都不能留。这样才能够有成圣的指望。

假如我们自己有过失，要赶紧改过，不改过，那就是自己的羞耻。孔子说"知耻近乎勇"。勇是三达德之一。智、仁、勇，这是圣人的三达德。真正有羞耻心，就能够改过。所以首先我们要承认自己是凡夫不是圣人，这样才能够勇于改过。通过改过自新，就会成为圣人。如果不是这么做，我们现在学佛了，听经也听了不少了，有的甚至十年、二十年、三十年了，但是没有下切实功夫，那也是"徒具作圣之心，永沦下愚之队"。这个"徒具"就是白白地有作圣的心愿，但这个心愿是空的，是口头上的，他没有落实到行动。他的果报是什么呢？因不真，果就不真。他的果报还是"永沦下愚之队"。下愚就是凡夫，甚至是三恶道的凡夫，在三恶道的队伍里面，永远地沉沦了，"可不哀哉"，实在太值得可怜，太令人悲哀了。下面：

【然作圣不难，在自明其明德。】

印光祖师给我们点出来，作圣之道是什么？作圣、成佛作祖不难。我们不要看修行太难，信心都没有了，其实不难。这一句话你看"在自明其明德"，就是关键在于什么呢？让我们的明德显明，这就是作圣。这是自己的事情，不用求人，只要求自己。看自己肯不肯做，如果自己不肯做那就难了。如果自己肯做，发真心，精进地改过自新，这个事情就不难。你看了凡先生，我们刚刚学习过，他真正明白道理了，改造命运确实也不难，真正每天勤勤恳恳地去落实，就能达得到。

"明德"是出自于儒家四书之一的《大学》，"大学之道，在明明德，在亲民，在止于至善"。"大学之道"就是大人的学问。大人是谁？就是圣贤，就是佛菩萨，他们是大人，伟大的人。他们的道是什么？就是在明明德。两个明，第一个明是动词，第二个明是名词，明德。明德就是佛家讲的本性、真心。这个明德，在圣不增，在凡不减。刚才我们讲的诚就是明德，可以用不同的名词术语去描述它，但是我们都知道，这就是人人本具的妙明真心。那么我们做圣之道是什么？就是把这个妙明真心显明出来，这就是明明德的意思，而且是在"自明其明德"，这个自就是自己干的，不用求人。为什么？因为这是人人本具的明德。我们可以自己去明，那要怎么明？只要把那些五欲六尘、贪嗔痴慢这些违礼情想"克除净尽"，就是明明德。下面印祖给我们用《大学》的话来开示明明德的方法。

【欲明其明德，须从格物致知下手。】

这都是《大学》里的话。这里的格物，物就是物欲，格就是格除、格正。宋代司马光解释这个格，就是格杀。格杀什么？把你的五欲六尘、贪嗔痴慢、违礼情想，把它格杀掉，这叫格物。这些都不是我们真心里有的东西，我们把这些格除干净就致知。知是什么？知是觉照，真正能够用智慧觉照。当我们的那些妄念起来的时候马上能够觉照，就能真正达到明明德。所以明德怎么样地显明？就是从"格物致知"来下手。格物就是放下我们的欲望、物欲、我们的妄念。致知就是常起觉照，一有妄念就马上觉照，然后放下。所以，"格物致知"用佛法的术语来讲就是看破、放下，格物就是放下，放下你的物欲。致知是什么？看破，就是觉照。所以成圣成贤之道，无非就是看破、放下而已。这是我们恩师的老师章嘉大师教给他的，第一天见面就告诉他，"看得破，放得下"。这就是入圣道之门。好！请看下文：

【倘人欲之物，不能极力格除，则本有真知，决难彻底显现。欲令真知显现，当于日用云为，常起觉照，不使一切违理情想，暂萌于心。】

这些开示非常好。这是为我们开示如何来落实格物致知。"倘人欲之物"，物就是物欲，财、色、名、食、睡等等这些物欲，如果不能极力格除，把它克服掉，本有的真知"决难彻底显现"，我们的真心本性就被这些物欲蒙蔽了。如果不能把这些物欲格除干净，那么本有的真心本性就显发不出来。所以"极力格除"的意思，就是说明我们的用功要踏实，要努力，不能够姑息、纵容自己，有一点的那些物欲都不能让它留下来。干干净净，一尘不染，就像镜子，上面一点灰尘都不能留，这样它照出来的（真知就是能照）这些万相万物才能够是真相，我们才能见到真相。

那么下来这个"欲令真知显现"，我们都希望我们的心境空灵，而能够觉照，这是真心起作用了。要让真心起作用，彻底地恢复真心的作用，就得在"日用云为"，就是在日常生活当中"常起觉照"。我们用的功夫，就是觉照。什么叫觉照？"不使一切违理情想，暂萌于心。"有一丝毫的恶念，有一丝毫的分别、执著都要把它克服掉。我们念佛的同修用的功夫，就是用这句佛号来控制自己的妄念。当自己起妄念的时候马上提起佛号，注意力集中在佛号上面，这些"违理情想"就自然没有了，让佛号永远地留在我们的真心当中，不让任何其他的妄念"暂萌于心"。这种功夫需要慢慢地去做。请看下文：

【常使其心，虚明洞彻，如镜当台，随镜映现。但照前境，不随境转，妍媸自彼，于我何干？来不预计，去不留恋。】

这都是印祖教导我们用功的方法。这是对利根人讲的，在心上去用功。让我们的真心，让我们的心地"虚明洞彻"，这个心要虚。虚，就是不能有一物；明是明白，不能有迷惑。什么东西会让我们迷惑？只要我们内心里还有执著、还有分别，虚明就难以做到。所以，这是让我们心地要空，不存一物。为什么要不存一物？物本身就是虚妄的。《楞严经》里给我们讲，凡是这些事相，统统是虚妄的，只有我们自性是真实的。虚妄的东西你为什么还要执著？执著这些虚妄的东西，障碍自己的本性，这就是愚痴，所以要把它放下。要放下，首先不要执著，先放下执著，对一切人、一切事，不要勉强，要懂得随缘，随顺众生，就是放下执著。然后再放下分别，对一切善恶、美丑、是非，我们不要放在心上，这是放下我们的分别，让我们的心能做到"虚明洞彻"。

这里印祖举的比喻，像镜子一样，镜子它能"随境映现"。人来了，它就把人现得清清楚楚，人走了之后，它绝不留任何痕迹。而且"但照前境，不随境转"，镜前的这些事物，这些人事物，镜子现得清清楚楚，但又不随着外境所转。它不会因为照镜子的人高兴，镜子就高兴，或者是照镜的人哭，镜子也跟着哭，绝对不会。你笑，它给你现出笑的样子，它还是不动；你哭，它能够把你的哭现出来，但是它自己如如不动。

所谓"妍媸自彼，于我何干"，这是照镜子那些人的表情千种万种，但是任由他怎么变，"于我何干"？所以镜子本身能够做到如如不动，而且它是"来不预计，去不留恋"。镜子绝对不会起心动念说，我还要去照那个某某某，去分别、去执著。它绝对不会起这些念头，没有那种预计，没有攀缘。照的人走了，镜子也绝对不会留恋，镜子里干干净净，还是一尘不染。这是用镜子作比喻来教导我们对人、对事、对物如何用心。要学镜子，来者不拒，去者不留，绝对不会被外境牵着走。假如我们遇到顺心的境界就高兴，那是贪染了；遇到那些嗔恚、令人生气的境界，他来骂我，冒犯我，我就发脾气，那是嗔恚了，这就是被牵着鼻子走了。所以，顺境逆境都不动心。好的、丑的都不分别。"妍媸"这两个字，"妍"就是美好，"媸"是丑陋。"妍媸自彼"，就是任他怎么样的美丑跟我没有关系，不分别。这是讲到不执著、不分别，甚至连妄想都没有，不攀缘。

【若或违理情想，稍有萌动，即当严以攻治，剿除令尽。】

这是说如果我们的"违理情想"，我们六根接触六尘境界的时候起心动念。一有萌动，刚开始发动的时候，我们马上观照，"严以攻治"。对自己的念头要起观照，治心要严。治心犹如治军一样，军队如果治理不严，很难打胜仗。对我们的念头也是如此，如果治心不严，很容易被那些违理情想，被那些七情六欲牵着走，我们就被它打败。所以，我们对那些不好的念头、一切妄想执著，统统要"剿除令尽"。像杀敌一样，不可以姑息，把这些念头消灭得干干净净。这是教导我们用功，对自己确实要严格要求。下面：

【如与贼军对敌，不但不使侵我封疆，尚须斩将搴旗，剿灭余党。其制军之法，必须严以自治。】

这是印祖给我们做一个比喻。治心就像治军一样，跟贼军对敌。什么是贼？贼就是那些违理情想。跟它们对敌，不但不让它侵犯我，冒犯我，不能够让它得势。而且要"斩将搴旗"，对这些敌军要消灭干净，把它的老营都给歼灭掉，把它的余党都斩尽杀绝。这是比喻对我们的烦恼习气要毫不姑息，消灭得干干净净。所以平时用功的关键就是要严格地觉照。所以，治军之法必须"严以自治"。制军就是制心。让我们的军队能够打胜仗，平时要严格要求，"严以自治"。这样才能做到让我们的心"虚明洞彻，如镜当台"。对这些违理情想能够马上觉照，觉之即无，马上能放下。

我们继续看经文：

【毋怠毋荒。克己复礼，主敬存诚，其器仗须用颜子之四勿，曾子之三省，蘧伯玉之寡过知非。】

刚才是印祖对利根人的开示。什么叫利根？就是他的善根福德很厚，能够在心上对治烦恼。治心，在心上做这种格物致知、克明明德的功夫。治心犹如治军一样，烦恼就好像敌军，敌军来的时候，我们不可以姑息，要把它剿除干净。那么平时就要练兵。练兵的方法是什么？"毋怠毋荒，克己复礼。"这个"怠"就是怠慢、懈怠。我们平时用功不可以懒惰。"荒"是荒废，不能够把我们的功夫荒废掉。所以平时就要抓紧时间用功。你能这么样用功，时时刻刻都提起觉照而不懈怠，你就是利根之人，那么你成圣成贤速度就很快。用功是克己复礼，就是克服自己的烦恼、习气毛病，服从礼仪。身体要服从礼仪，心要懂得"主敬存诚"，就是心中有诚敬，这个诚敬非常重要。印光大师常说，"一分诚敬，得一分利益；十分诚敬，得十分利益。"人能不能够成圣成贤，关键是我们能不能保持我们的诚敬之心。如果懈怠、懒散、放纵自己了，那么诚敬之心就没有了。我们要这样用功，就好像我们在练兵似的，平时就要这么认真用功。练兵，军人都要有武器。武器是什么？"其器仗须用颜子之四勿。"这是兵器。用的是什么？有三种。这里举了历史上的三位贤人。

第一位是颜回，这是孔子最赞赏的学生。他有"四勿"，这个四勿是什么？在《论语》里面，孔子教导颜回要克己复礼。用克己的功夫就是"非礼勿视、非礼勿听、非礼勿言、非礼勿动"，就是四勿。而颜回听到老师的教诲以后，终身奉行，一生真正做到。所以，他也成圣成贤。这个礼，就是说礼度。礼度是什么？就是我们平时的视、听、言、动，就是所看到的、所听到的、所说的、所做的都要符合古圣先贤制定的标准。就是指我们身体造作要懂得守戒条，因为这个礼是古圣先贤制定的，是人们的生活规范，它是性德的流露。所以依礼而行事就能够帮助我们从凡转成圣，在佛门里面称为戒律，就是持戒。

儒家讲的礼，最根本的是落实《弟子规》的教育。所以你看孔子在《论语》当中教导孔门弟子要做到什么？"弟子入则孝，出则弟，谨而信，泛爱众，而亲仁，行有余力，则以学文。"这就是《弟子规》的纲领，要做到这七个方面。孝顺父母，奉事师长，这是孝悌；能够生活谨慎，行为、说话谨慎而又诚信，这是谨信；同时把爱心扩大，帮助社会，帮助众生，这是爱众；跟有德行的老师、有学问的老师学习，这是亲仁，同时在落实了这些德行的基础上学文，就是学古圣先贤的教诲。学文是帮助我们力行的，学文力行同时落实才真的叫解行并重。这是礼，礼的根本在此地。所以这是儒家的根。如果我们抛弃了《弟子规》，把礼抛掉了，不学礼了，光学儒，搞儒学，把四书五经、十三经都能背下来，那么一个不懂礼的人只有这些知识，充其量只能叫儒学家，不是真儒，不是君子儒。

还有曾子的三省，曾子也是孔子的学生，他的名字叫曾参。曾参每天反省自己，在三个方面反省，"为人谋，而不忠乎"，"与朋友交，而不信乎"，"传，不习乎"。这个"为人谋，而不忠乎"，是指做事情的时候，我们想想有没有忠于职守？对于我们自己的工作，或者别人拜托我们的事情，有没有尽心尽力地去做？这是忠！什么事情都尽心尽力，这是忠。我们每个人都有工作，譬如有当老师的，那么就想一想有没有认真备了课以后才上讲台？在我们此地做义工，想一想我们有没有尽心尽力地把这个工作做好？当父亲的，有没有尽到父亲的责任？当母亲的，有没有尽到母亲的责任？为人子女，有没有尽到子女的本分？这都是忠，这都是敦伦尽分。第二条，"与朋友交，而不信乎"，我们做人最关键是诚信。跟朋友交往有没有信用？自己有没有自欺欺人？有没有打妄语？对人有没有不真诚？这就是第二个方面。第三个方面，"传，不习乎"，老师传授给我的知识和教诲有没有去落实？有没有去实践？每天我们听到圣贤的教诲，比如说读《弟子规》，有没有把《弟子规》变成自己的生活？这是传授了，要去实习。不能够说我学到了，知识是知识，生活是生活，把知识和生活分开了，这就是传不习乎了。我们每天这么反省，这就是学习曾子的三省，这就是成圣之道。

还有一个故事是讲蘧伯玉，这是春秋时代卫国的一位大夫。《了凡四训》里面曾提到他，可见得作者了凡先生也是以他为榜样来学习的。"蘧伯玉之寡过知非"，蘧伯玉在二十岁时就开始检点过失，每天反省，每天改过。到了二十一岁，看看过去二十岁的时候，还有很多过失没有改，到了二十二岁又回头看二十一岁这一年，还有很多过失没改。天天都在改过，天天都在知非。一直到了五十岁，回首四十九年，还发现有过失，每天都不放纵自己。这就是蘧伯玉给我们做的示现，给我们做的一个好榜样。下面经文讲：

【加以战战兢兢，如临深渊，如履薄冰，与之相对，则军威远振，贼党寒心，惧罹灭种之极戮，冀沾安抚之洪恩。从兹相率投降，归顺至化。尽革先心，聿修厥德。】

刚才所提到的三个例子，三位贤人：颜回、曾参、蘧伯玉，都是用的反省改过的功夫。还要加上什么？"战战兢兢，如临深渊，如履薄冰"，这是表示我们戒慎恐惧的样子，每天都小心谨慎地过日子。"战战兢兢"是表示很谨慎、小心。"如临深渊"，我们都会有这种经验，像我有一次爬上了自己住的地方，我们住的那个高楼总共有四十五层。我爬上了天顶之后，探了头向下面一看，这真是深渊！我的心就在怦怦地跳，手脚就不由自主地赶紧抓住栏杆，自然就谨慎起来了。"如履薄冰"，就像在薄冰上走。冬天北方都结冰，可是刚刚结冰的时候，冰还是很薄的。你如果走在很薄的冰上面过河，要轻轻地走。你要是大力地踏下去，恐怕那一只脚就会踏到冰窟窿里。再大力一点，人就会掉进冰窟窿，那就完蛋了。因为掉进水里还容易爬起来，掉到冰窟窿里面，那很难爬得出来，很危险。这是用比喻提醒我们，应该这样小心谨慎地对待自己的烦恼习气，绝对不能掉以轻心。

"与之相对"，就是跟这些敌军相对，烦恼好比是贼军，我们外面接触的色声香味触法，这六尘好比是贼，佛经里称为六贼。跟这些贼兵相对的时候，如果我们这么样地谨慎小心，丝毫不掉以轻心，加上我们平日治军很严，反省觉照的功夫得力，真的是可以做到"军威远振，贼党寒心"。军威就是指我们的功夫得力，觉照的功夫得力。那么贼兵就拿我们没办法了，甚至他会投降。这是代表什么？代表烦恼习气转化过来了，佛经里称的烦恼即菩提。当我们能够有智慧的时候，烦恼就没有。如果我们没有智慧觉照，烦恼就能够做主了，这是用这个比喻，来阐明"与之相对，则军威远振，贼党寒心，惧罹灭种之极戮，冀沾安抚之洪恩"。这是说贼兵他们都害怕，害怕被灭种。我们因为军威大振，我们功夫得力，所以烦恼不能起现行，它不能起现行，它就投降了。假如我们打不过它，我们就可能会投降。现在我们功夫得力，它们就归降于我，这是讲烦恼化成菩提了。所以，烦恼也并不是坏事。有烦恼我们一觉照，智慧就反而提升了。

"从兹相率投降，归顺至化"，它归顺了，投降了，就能够"尽革先心，聿修厥德"。每个人的真心本性都本自具足，只要把我们的真心本性的那些障碍去除掉了，那么我们的真心本性自然现前。烦恼化成菩提，智慧现前，真心就全显了。"聿修厥德"，就自然能让我们的性德得以彰显。这个性德要显，要靠修德。因为我们本有真心，真心比喻性德，真心性德还要用修德去显。"聿修厥德"是《诗经》里的话，祖师以此来代表通过修德而显性德，就能够转烦恼为菩提。下面：

【将不出户，兵不血刃。举寇仇皆为赤子，即叛逆悉作良民。】

这些比喻都非常好、非常形象，都表示我们战胜烦恼了。什么是烦恼？其实烦恼本无，本觉本有，不觉本无。当我们能够时时觉照的时候，烦恼当然就不起现行了。所以将不用出户，兵也不用血刃。你要真把烦恼看实在了，真要出我们的猛将去杀敌，用我们的这些兵器血刃而归，那你的烦恼还不能够完全转化。其实烦恼本无。只要我们有这种常照真心，常常觉照，就可以自自然然让烦恼归降，就没了。所以"举寇仇皆为赤子"，那个寇仇是什么？原来就是赤子。这就是佛经里讲的"烦恼即菩提，生死即涅槃"。寇仇即赤子，赤子就是我们的孩子，哪里是我们寇仇？这就入不二法门了。原来烦恼也并非坏事，只要能觉照，烦恼即菩提。

"即叛逆悉作良民"，叛逆的人都变成良民了。这是代表我们真正觉悟的时候，常起观照就不会起烦恼。

【上行下效，率土清宁。不动干戈，坐致太平矣。】

这里"上行下效"也是比喻。比喻什么？这个上就是指根本，上行就是指从根本修。根本是什么？根本是我们的心。如果我们能够从自己的心地下手去修，把这个心修正了，那么言行自然就正，这就叫上行下效。修心为上，修言行就为下了，只要把心修好了，言行就自然正了。所以修身在哪里？在诚意正心。把我们的意念真诚，把我们的心端正，身就修好了。"率土清宁"这也是比喻，比喻打胜仗，你看打胜仗了之后，整个国家就清静了、安宁了。这个土代表我们的心地，整个心地都清净了。真正在心上修，让我们的心清净，哪里还有烦恼！所以心不清净就有烦恼，心一清净下来，烦恼就没有了，就"不动干戈，坐致太平矣"，也不用去打仗了。本来的本性本善现前，烦恼就都没有了，生死也没有了，"坐致太平矣"就比喻明心见性，成圣圆满了。所以关键就是要消除业障。这些不清净的东西要把它去除掉，因为不清净的东西、烦恼的东西原来没有。下面请看：

【如上所说，则由格物而致知，由致知而克明明德。诚明一致，即凡成圣矣。】

这都是《大学》里的话。印祖用儒家的话,但是把佛理讲得非常清楚。所以原来要怎么样子去修行?要从根本修。根本就是把障碍我们真心本性的那些烦恼统统去除干净,用觉照反省的功夫把它去除,去除以后一看,原来的本性就真现前了。这里说的"格物而致知",这都是《大学》里讲的,由格物而致知,由致知而诚意,诚意而正心,正心而后修身、齐家、治国、平天下,这是圣人明明德之道。所以从哪里做起?就从格物开始。所以致知在格物,由格物而达到致知。

刚才已经谈到了,格物就是格除、格杀物欲,致知就是觉照,以达到智慧现前。在佛法里讲格物即是放下,致知即是看破。把五欲六尘、自私自利、贪嗔痴慢等违理情想,去除干净以后就有智慧了。在六根接触六尘境界时,不为它所动,那么明明德就做到了。明德是真心本性,真心本性就能够现前了。所以真心本性要现前,并不是说我们要学多少大经大论,要懂得多少道理,如果懂得道理却不能够落实,没用。要从哪里做起?从格物。这就是我们老老实实地认真检点自己的心地,把心地里的那些障碍、拉拉杂杂的东西全部扫除干净。这句话"由致知而克明明德",中间还有致知而后诚意,诚意而后正心,正心而后修身、齐家、治国、平天下。诚意,就是让我们的意念真诚。正心就是让我们心地纯正。从佛法的高度上来讲,诚意、正心讲的就是明心见性。明心见性从哪来?来自格物、致知。不断地跟物欲格斗,不断地觉照反省,就能够明心见性,就能够发挥真心本性的全体大用。心性当中万法本自具足,大用现前的这个用,即是起作用,就是修身、齐家、治国、平天下。

　　自身修好了，接着就是齐家，让自己的家庭也跟我一样修好，就是在家里做个好榜样。接着，让这个社区也得以感化，让全国都得以感化，这就是治国。使国家安定，最后就是使世界和谐。我们说和谐世界，从哪里做起？从我做起，从我心做起。佛法里讲，不但要和谐我们这个地球，也要使宇宙和谐。所以天下，扩而展之就是指虚空法界，平天下就是广度一切有情。这就是成佛了，成佛之后，普度一切众生。从哪修起？最初下手处就是对治自己的烦恼习气，这叫格物。

　　真正达到明明德，诚明就现前了。"圣贤之道，唯诚与明"，诚是体，是定；明是用，是慧。真正修行圆满了，诚明自然现前，就是我们说的定慧等持、圆满；就是即凡成圣，凡夫就可以变成圣人了。所以，凡夫和圣人区别在哪里？就是差这么一点，就在迷悟之间。凡夫不能够觉照，所以不能够格物致知。圣人念念觉照，念念圆满，格物致知，诚意正心，最后达到明明德。

　　所以，这部分是印祖对利根人适用的方法，告诉我们要从根本修。从我们心地下手，把我们心地上的那些灰尘扫除干净，真心本性豁然现前，就转凡成圣了。

　　当然，如果我们觉得自己用这种心地的功夫比较困难，印祖下面又给我们介绍了对钝根人的开示，就是说如果不能够从根本上下手去修行，还有渐修的方法。对利根的是求顿证，对钝根来讲是要渐修的。钝根的钝是指愚钝的钝。请看经文：

【其或根器陋劣，未能收效。当效赵阅道日之所为，夜必焚香告帝，不敢告者。即不敢为。】

"根器陋劣"就是指业障深重的凡夫，善根福德都比较少。像我们平时观察一下自己，发觉自己确实是根器陋劣。什么是根器陋劣？就是老师给我们讲的，即使每天讲，每天劝，劝了多少年还是不肯回头，自己也努力，但还是不能把习气毛病改过来，这就是根器陋劣，佛门里叫作业障深重。所以"未能收效"，不能够把我们的习气收敛。那怎么办？也有办法，印祖劝导我们要效仿赵阅道，在《了凡四训》里面提到过他，了凡先生也是学习赵阅道的修行方法。

了凡先生也不是利根，他是钝根，也是一个业障深重的凡夫。为什么？因为习气毛病不能够一下改过来，要长时间地去修行。你看他头三千件善事，受持功过格，做一件恶事就要把一件善事抵消掉，因为每天都造恶，所以每天造的善事都不够弥补。所以做头三千件善事的时间很长，十年有余才做完，所以这是钝根人。那么我想想我自己更是钝根，就像听经，从十年前见到我们恩师，到现在整整十年了，听经也十年了，每天发现自己还是有很多过失。所以，我比了凡先生更钝。那怎么办？要老老实实地做钝功夫。

这里讲到效仿赵阅道，赵阅道是宋朝时候的一位御史，一位官员。御史相当于我们现在的检察长，就像现在的纪律检查委员会主任这么一个官职。当时在朝廷专门负责弹劾贪官污吏。他为人清正，弹劾不避权贵，所以人称铁面御史。他自己生活也很清廉。最后退休的时候，朝廷敬重他的人品，把他封为太子少保，就是太子的老师。他在临终的时候，一点都不昏乱，非常地清醒，含笑而终。这都是因为一生造善的缘故。赵阅道留下一部书叫《赵清献集》，因为皇帝封给他一个"清献"的谥号。他的文章都收到《赵清献集》里面，被收录在《四库全书》里面。他一生所受持的改过修行的方法就是"日之所为，夜必焚香告帝"。每天焚香祷告，晚上把一天的所作所为祷告上帝，对天祈祷。当然做的好事，祷告起来就心安，如果做了恶事，起了坏的念头，祷告起来就会很不好意思，很惭愧。所以"不敢告者，即不敢为"，每天在造作的时候马上想到，晚上我要对上帝祷告，这个事情不能祷告的话我就不能做。这就是业障深重凡夫勇猛精进，立志改过修行的方法。

业障深重不怕，只要肯立志，没有消不了的业障，没有消不了的烦恼习气。断除烦恼习气就像戒烟一样，烦恼习气本无，像你抽烟。你刚生下来的时候不抽烟，没有抽烟的习惯，是后来才染上的。现在让你去戒，但是戒烟也要咬牙。虽然原来没有这些习气，是后来才染上的，现在要恢复到原来的状态，把这些习气毛病戒除，也要咬牙坚持，不咬牙这个习气永远改不过来。像我认识一位同修，他有邪淫这种念头，自己也很烦恼。但是学了佛以后真正发愿，立志改过自新。每次有了这些邪念，真的是对天发誓，日后再也不干了。可是后来还干，还起这些坏念头，于是就刺血写下誓言，写血书来发誓改过自新。最后，真正让自己改正了。

这就是我们说的, 有业障并且业障很重都不怕, 怕的是自己不肯改。下面:

【袁了凡诸恶莫作, 众善奉行, 命自我立, 福自我求, 俾造物不能独擅其权。】

印光大师劝导我们要效仿赵阅道焚香告帝, 效仿 "袁了凡诸恶莫作, 众善奉行"。袁了凡的这篇《了凡四训》, 是写给儿子的家训, 我们刚刚学习过, 大家印象都很清晰。第一篇讲立命之学, 告诉我们 "命自我作, 福自己求" 这个大意。命运是可以改造的, 是可以自己重建一个幸福美满的人生的。怎么做? 就要用 "诸恶莫作, 众善奉行", 改过修善, 这个原理原则跟佛经讲的是一样的。"诸恶莫作, 众善奉行, 自净其意, 是诸佛教", 佛的教诲就是这几句话。所以我们可以把《了凡四训》当作佛经来看。这就是为什么印光大师极力提倡《了凡四训》的原因, 它确实符合佛讲的这些道理。消业障关键就是要做到这两条。

很多人所理解的消业障, 就是去寺院里面烧香磕头, 求消业障。可是每天还是该干什么干什么, 没有改习气毛病, 这个业障就还是消不掉。业障怎么消? 只要把我们的恶习气改过来了, 业障就消除。众善奉行就是要存着一个善心而行善事。我们如果以为自己是发善愿了, 像下楼去买彩票, 或在楼下的赛马会里买奖券, 求佛菩萨加持能够中奖, 如果能中一百万, 就布施给佛门一万, 这叫众善奉行吗? 这是养自己的贪心。这哪里是众善奉行!

这是恶念，这是变成众恶奉行了，业障怎么可能消除？福报怎么可能增长？命自我作，福自己求，这种命没办法改造，福也没办法修。所以我们懂得这个道理之后，真正要从哪里做起？要落实《弟子规》、《感应篇》、《十善业道经》，这是善福的根本，再加上《了凡四训》，作为我们改过修善很好的一部教材。下面：

【受持功过格。】

《了凡四训》中，了凡先生告诉我们，他一生就是受持功过格。做的善事记一功，造了恶，犯了这些毛病，记一过，以过来折功，抵消以后，自己就了解剩下有多少功了。每天我们也应当效仿了凡先生那样，用功过格来检点自己。我们现在先要写日记，日记记什么？就记自己这一天做的善，做的恶，一条条写下来。看看是善多还是恶多，如果是善少恶多，那我们就知道，命运一定是祸多福少。了凡先生是每天这么做，他用治心篇，就是我们所说的日记本，记录自己的功过、得失。他太太也做，太太不识字，拿一个鹅毛管印圈子。如果做了件善事，在功过簿上面印个红圈。

宋朝有一位赵康靖，他用的功夫也差不多。他每天用一个瓶子来作为自己的功过簿。如果自己心里面起了一个善念，就在瓶子里放一个白色的珠子；如果是起了一个恶念，就放一个黑色的珠子。赵康靖先生每天检点这个瓶子，看看里面是白珠多还是黑珠多。一开始白珠少黑珠多，证明什么？说明念头里恶念居多。然后，慢慢慢慢地改，后来就持平了。最后，白珠子多黑珠子少。这样日复一日地修行，最后整个瓶子都是白珠子，纯善而无恶，心地达到纯净纯善了。这个时候赵先生就把这个瓶子扔掉了，不要了。为什么? 已经达到心地诚明的境界，达到了纯净纯善了，珠子、瓶子都抛掉了。

可是一开始所做的功夫，一定要老老实实，还要有耐心。功过格也好，印圈子也好，拿珠子也好，反正要耐心去做。不要三天打鱼两天晒网，不能够做上三天五天就不做了，那么业障就会总是消不掉。用来判断善恶的标准，《了凡四训》是最好的标准，《弟子规》、《感应篇》、《佛说十善业道经》，也都是很好的标准。古来的祖师大德，像莲池大师有《自知录》，还有现在我们看到的德育课本，讲的都是孝、悌、忠、信、礼、义、廉、耻的这些故事，都可以作为我们的善恶标准。每天去受持，就一定可以达到断恶修善，最后转凡成圣的效果。

【凡举心动念，及所言所行，善恶纤悉皆记。】

这是讲功过格不仅是要记下我们做的事，还有起心动念都要记。起心动念所造的恶，是意恶，"所言"是口恶，"所行"是身恶。身、口、意三种恶要"纤悉皆记"。善的恶的都要记，尤其要对治自己的恶习。身的恶: 杀生、偷盗、邪淫; 口的恶: 妄语、两舌、恶口、绮语; 意的恶: 贪、嗔、痴，这些统统都要对治。

【以期善日增，而恶日减。】

我们的希望就是善事、善行、善言、善念每天增加，而恶事、恶行、恶言、恶念每日减少。学习圣道在于积累，每天这么奉行，总有一天可以转凡成圣的。

【初则善恶参杂，久则唯善无恶，故能转无福为有福，转不寿为长寿，转无子孙为多子孙。现生优入圣贤之域，报尽高登极乐之乡。】

这里讲的就是让我们要学习袁了凡，用功过格修。一开始"善恶参杂"，有善有恶，慢慢帮助你起觉照，看见有恶的马上去反省，马上改过，久久地，用的功夫久了，"唯善无恶"了。这样就能够有效果。断恶修善是因，远祸得福是果。所以你就能"转无福为有福"，转短命为长寿。了凡先生就是这样修的。他命中没有功名，他能考上进士；他命中只能活到五十三岁，他最后活到了七十四岁；"转无子孙为多子孙"，他命中无子，后来生了两个好儿子，这都是福报。"现生优入圣贤之域"，不但能够改造命运，能够心想事成，而且这一生可以成圣成贤。这一生在世间"学为人师，行为世范"，念佛人要求生净土。来生就是指我们这一生报尽了，业报身尽了。"高登极乐之乡"，莲登上品，这是讲我们的归趣。所以我们修行最后导向哪里? 要求生西方极乐世界，这才是真正转凡成圣的究竟圆满。下面:

【行为世则, 言为世法。】

做圣贤的人是什么人? 就是"学为人师, 行为世范", 真正做世间的好榜样。则就是法则。他的行为能够做世间的榜样, 他的言论是教诲大家的圣贤之言。那么我们现在一心求作圣贤、求成佛, 从哪里做起? 从对我们的身口意的造作, 念念反省回头开始。这就是"行为世则, 言为世法"。人家看到你了, 自然受你的感动。最后还有一句:

【彼既丈夫我亦尔, 何可自轻而退屈。】

这就是圣贤人, 谁都可以做。释迦牟尼佛做到了, 孔子、孟子做到了, 袁了凡做到了, 他们都成为了大丈夫, 那么我们也可以做到。所以, 怎么可以自暴自弃, 而退屈不前?《弟子规》上讲, "勿自暴, 勿自弃, 圣与贤, 可驯致。"我们要有坚定的信心、愿心、决心, 这一生是可以成就圣贤之道的。

印祖为我们指出上根人应从心地下手修行, 那么中下根人要格物致知, 就要效法赵阅道的焚香告帝, 效法了凡先生的功过格来修行, 达到每日知过自新, 就能从格物而致知, 最后可以致明明德, 也就是成就圣贤的圆满。

【或问, 格物乃穷尽天下事物之理, 致知乃推极吾之知识, 必使一一晓了也。何得以人欲为物, 真知为知, 克治显现为格致乎。】

这里是很多儒学家所疑惑的，因为很多的儒学学者，他们通常认为格物就是穷尽事物之理，也就是让我们研究天下万物之理。格就是格尽，包括宋明理学，很多的学者都是这个观念。那么致知？他们认为是要推展我们的知识，以达到样样都能够明了，这是他们的理解。但是，印祖说这种理解不正确。正确的理解，格物不是说一定要穷尽物之理，一定要通达明了万事万物的理，才能达到最后成圣贤。不一定。下手处不是在于学习万物之理，而是要格除物欲。所以这里格物和致知，我们前面曾讲到就是放下五欲六尘，放下人欲，放下违理情想，而常起觉照，使这些过失不生，而回归本善，这才是格物致知的道理。看看印祖是怎么样回答这些学者的疑惑的。答曰：

【诚与明德，皆约自心之本体而言。名虽有二。体本唯一也。】

这一段，印祖针对一般学者的错误理解来加以解答。他说诚与明德，诚是在《中庸》里讲的，明德是在《大学》里讲的，这些讲的都是自心本体。诚就是指纯真无妄，而没有任何的妄念，这才叫作诚。明德是指心性，心性之体就是明德。所以这两者讲的都是一桩事情，都是指我们自心之本体，也就是佛家讲的自性、佛性。它们"名虽有二，体本唯一"，它们并没有区别。在体上讲，这两者是同一的，都是讲自性的性体。下面：

【知与意心，兼约自心之体用而言，实则即三而一也。】

这里讲的三桩事，一个是知，一个是意，一个是心，这都是引用《大学》的术语。《大学》里讲格物、致知、诚意、正心。这个"知"就是致知，"意"就是诚意，"心"就是正心。那么这三桩事情，实际上也是一桩事情。它讲的是本体的作用，从用上来讲，刚才是体，这里是讲用。"实则即三而一"，就是三个就是一个，一个就是三个，都是性德发挥的作用。

【格致诚正明五者，皆约闲邪存诚，返妄归真而言。】

这里讲的这五个名词，"格致诚正明"就是格物、致知、诚意、正心、明德。这五个方面其实说来说去都是说一桩事情，简单地说就是让我们回归本性，让自心的明德得以显发。而格物、致知、诚意、正心皆是什么？"闲邪存诚，返妄归真。"这里讲的"闲邪"，闲就是防范的意思。邪就是邪恶。所以这是防恶。把恶能够去除，能够防范，那么我们的心就诚了。所以闲邪和存诚也是一个体的两面。我们怎么样能够使我们的心诚呢？因为能够诚就是明，明德就能现前，自性的德用就能现前。那么要做的就是闲邪而已，所谓防非止恶，改恶修善。这样我们的心就诚了。"返妄归真"就是从虚妄那里回头，回归到真实。这里真实就是指自性。什么才是真实的？只有自性是真实的，其他都是虚妄的。"凡所有相，皆是虚妄"，一切的宇宙万事万物，这些现象都是虚妄的。为什么？都是我们这一念妄心变现出来的。所以只要明了了，从虚妄里面回头，所见的是真心、本体，就归真了。所以"格致诚正明"这里也是讲的一桩事情。下面：

【其检点省察造诣功夫，明为总纲，格致诚正乃别目耳。】

我们明白这个道理之后，就要做功夫，那就是要"检点省察造诣"，下这个功夫。检点、省察就是我们在日常生活中起心动念，要懂得观照。凡是起了恶念，要把恶念化成善念，甚至起心动念都错了，让自己的心空明。造诣就是全神贯注，不能到达真如境界就誓不罢休。这是讲我们所下的功夫，这个功夫里面一定要有定有慧，戒定慧都要有。所以"明为总纲"，这里明就是智慧，以智慧为总纲。这里的智慧讲的是真实智慧。佛门讲般若，般若就是智慧，那就是要常常观照"一切法，无所有，毕竟空，不可得"，能从妄相当中回头，这就是智慧。同时也要观照，深信万法皆空，因果不空，这都是智慧。

"格致诚正乃别目耳"，格物、致知、诚意、正心这都是讲明的不同的科目，这是细目。换句话说，我们在日用平常当中都要做到格物，放下我们的物欲：自私自利、名闻利养、五欲六尘、贪嗔痴慢都要能放下。要常常起观照，观心，反躬自省使意念真诚，使心地空明。所以在日常生活中要懂得随缘而不攀缘。对一切事情都不可以起心动念去攀缘，哪怕是好事都不攀缘，弘法利生的事也不攀缘。弘法利生也要懂得随缘，随缘才能自在。别人请我们去讲，人家留我们讲，我们还要看看这些众生得度的因缘是否已经成熟；如果人家不请我，我却非得要去给人家讲，那么这样起心动念就是攀缘。所以在平时就要用心，我们自己真正要做到恩师所讲的"真诚、清净、平等、正觉、慈悲"；在行持上，要懂得"看破、放下、自在、随缘、念佛"。这是真实的修菩萨道，这是圣贤之道。印祖下面说：

【修身正心诚意致知，皆所以明明德也。】

功夫有浅深不同，有次第先后，可是目标都是一致的。这个目标是什么？都是为了明明德，恢复我们本具的性德。修身、正心、诚意、致知，这都是修行的科目。

【倘自心本有之真知为物欲所蔽，则意不诚而心不正矣。】

我们要达到诚意正心，可是平时为什么我们意不诚、心不正？印祖一句话就给我们点出来了，就是"自心本有之真知，为物欲所蔽"。真心，就是佛家讲的自性，儒家讲的明德，都是我们本有的。圣人跟凡夫没有区别，但是现在我们为什么会变成凡夫了？这是因为我们的自性明德被物欲所蒙蔽，也就是说我们被五欲六尘、贪嗔痴慢这些烦恼牵着鼻子走，而不能够回归本性，这就是被境界所转。譬如说看到好吃的，就起了贪心；看见钱财，就有贪欲；遇到别人冒犯我，侮辱我，陷害我，心里就起了嗔恚；这统统都是被外境所转。而这样一起心动念就是攀缘，被缘拉着走。那么本有不变的真心就被这些烦恼给蒙蔽住了，这样就"意不诚而心不正"。心里有念头,这就是意不诚。心里起了烦恼,这就是心不正。所以我们平时修学的功夫,关键的是要在境缘上面炼什么呢?要炼不分别、不执著、不起心、不动念。不要样样都要按照我的意思去进行,要按照我的计划,要按照我的理想,这统统是执著。要把这个我放下,我所有的这些的意念、想法都应该统统放下,放下我见。在顺逆境界中不起贪嗔的念头,顺境不生贪染,逆境不生嗔恚。这样任由这些虚幻之相在我们面前,我仍是如如不动,那么自然就做到了诚意正心。所以,切实功夫就是要格物。把这些人欲、物欲,蒙蔽我们真心本性的这些违理情想格除掉。

【若能格而除之,则是"慧风扫荡障云尽,心月孤圆朗中天"矣。】

这个功夫落实了,把我们这些物欲、违理情想"格而除之"。格是格斗,要跟自己的欲望做一番格斗,就像与敌军对阵,不可以稍有姑息,而应该勇猛地把它格除干净。其实人人都是真心本自具足,无非就是要把障碍真心、蒙蔽真心的这些物欲去除,因为那些统统都是妄念,都是妄想分别执著。你把它去除了,就像祖师的一句偈子,一句诗来形容的,"慧风扫荡障云尽"。慧风就是智慧,就是觉察、观照。这是智慧,智慧一觉察,那些违理情想就自然没有了,就好像一阵风把那些乌云扫荡干净了。这个障是业障,障碍我们自性光明的东西,用来比喻五欲六尘。把这些扫荡干净之后，就是"心月孤圆朗中天"。这才发现原来我们本有的心性本来没有动摇，像十五的月亮在空中高挂着，依然在那里放光。这个月亮是比喻心性。所以心性根本没有受那些五欲六尘所动摇，它依然如故。只要我们把这些五欲六尘格除干净，心性就能显发。印祖说：

【此圣人示人从泛至切，从疏至亲之决定次序也。】

《大学》里面讲的，从格物、致知到诚意、正心，乃至于修身、齐家、治国、平天下，而大明其明德，都要有次序。圣人教导我们下功夫，下手处要从格物开始。"从泛至切"，"泛"就是泛泛，意思是讲慢慢地从泛泛走上切实。"从疏至亲"是从疏远的走到亲近的。这是讲要平天下的人，要大明明德于天下的人，都要从疏远的、泛泛的，慢慢走到切实的、亲近的。这是什么意思呢？就是指从我做起，从我自己格物开始做起，放下自己的那些违理情想。凡是不符合性德的那些念头，统称是妄想执著，统统放下，这样是决定可以成圣成贤的，不可以本末倒置。《大学》里讲，"自天子以至于庶人，壹是皆以修身为本。"要从我自己来开始修身，不是从修别人开始。所以不可以本末倒置，把次序颠倒了。

【若穷尽天下事物之理，俾吾心知识悉皆明了方能诚意者，则唯博览群书遍游天下之人，方能诚意正心以明其明德。

未能博览阅历者，纵有纯厚天资，于诚意正心皆无其分，况其下焉者哉，有是理乎？】

这一段印祖给我们分析得好。很多学者都以为格物就是"穷尽天下事物之理"，就是要通达，学习就是要博学，要学习很多东西，这样才能够穷尽天下事物之理。才能够"俾吾心知识悉皆明了"，才能让我自己对一切统统都明了了，就是要学得很广，这种人才能叫格物致知，才能够诚意。如果这种人说的确实是有道理的话，印祖反问了一句，就问得很好！"则唯博览群书遍游天下之人，方能诚意正心，以明其明德。"按你这种说法，岂不是说一定是要有博士学位的人，他博览群书，学识很丰富，是高级知识分子，这还不够，还要遍游天下，有很宽广的阅历，这种人才叫格物和致知？照你这样理解，只有这种人才能够"诚意正心、明其明德。"可是那种人实在太少了！

"未能博览阅历者"，如果是没有办法做到博学、遍游天下的人，那么"纵有纯厚天资"，哪怕是他的天资很纯厚，就是我们所说的善根很厚，很纯朴、很厚道，老实人，这种人也不能做到诚意正心？"于诚意正心皆无其分"，难道你讲的是这个道理？这种纯厚天资的人倘若不能够博学，增长阅历，他就不能达到诚意正心？"况其下焉者哉。"那么下根的人，天资没有那么纯厚的人，岂不是更没有指望了？他就更不可能明明德了，也就不能够成圣成贤了。

我们看看佛门里面，没有文化的人，反而能够大明其心性而成佛作祖的, 确实有! 禅宗六祖惠能大师就是。惠能大师一个字也不认识, 没有文化, 更谈不上博学了, 穷尽事物之理他做不到, 他也没有很宽广的阅历。他是一个穷苦人家的孩子, 以打柴为生, 孝养他的老母亲, 后来听到别人念《金刚经》, 念到 "应无所住, 而生其心", 他开悟了。然后求学于五祖的麾下, 最后五祖给他讲《金刚经》, 他就大彻大悟, 他就大明其明德了, 成佛了! 他的境界, 跟释迦牟尼佛的境界没有两样。这是一个最好的例子, 说明一般学子所理解的, 格物和致知是穷尽事物之理而推广知识的这种解释是错误的。由于理解上的错误, 就导致修行上的偏差。

真正能够成圣成贤不在乎你学的多少, 而是在乎你放下了多少。老子说 "为学日益, 为道日损"。求学确实要广博你的知识, 但是你要求道, 要恢复你自己本有的真知性德, 那就得放下。放下什么? 放下五欲六尘, 放下物欲, 这就是格物。所以格物应该是这样理解的。如果理解错了, 我们就是在搞儒学, 搞佛学了。知识学得很多, 但是没有切实地在格物, 没有在格除物欲上面下功夫, 那不叫学儒, 不叫学佛。学儒和学佛贵在力行, 贵在放下。儒学和佛学不注重这些方面, 而是在于求知, 求知识, 所以往往会背道而驰。成圣成贤跟你学的知识的多少关系不大, 跟你明白多少事物之理关系不大, 关键在于我们能不能够放下。放下自己的自私自利、名闻利养、五欲六尘、贪嗔痴慢、分别执著, 能不能放下这些, 放下了, 那么你就能明其明德。

祖师这段开示是拨正我们的理解, 不要让我们在理解上有偏差。当我们正确地理解了《大学》里所讲的这一大段, 由明了大学之道在明明德而知，从哪里下手，从格物致知开始下手。这一段了解以后，下面印祖又给我们开示了，真正切实的功夫要从深信因果、止恶修善做起。为什么恶断不了？为什么物欲不肯放下？那是因为对因果的道理不能够切实明了，不能够深信。真正信因果的人，他的样子就变了，他一定会断恶修善，不用人去鞭策。所以因果是非常重要的，而《了凡四训》为我们讲的正是因果的道理。我们来看印祖的开示：

【然不深穷理之士，与无知无识之人，若闻理性，多皆高推圣境，自处凡愚，不肯奋发勉励，遵循从事。】

这里印祖给我们讲的这个"士"就是知识分子，为我们点出了知识分子的通病。我们都是知识分子，有一点文化，但是"不深穷理"，不能够深究，不能深入地探索宇宙人生的真相，是这种人。还有另外一种"无知无识之人"，这种人是一般的市井凡夫，他们没有智慧，也没有知识。这两种，一种是有知识的知识分子，但是不深究穷理的人；另外一种是市井之徒。两种人都有这种毛病，就是"若闻理性，多皆高推圣境"，当谈到理性，就是真如本性，就是如来的智慧德相，就是明明德，谈到这些，他们就都认为这是大道，是圣境。他们很景仰，但是认为自己不能做到，所以"自处凡愚，不肯奋发勉励，遵循从事"。认为我自己凡愚一个，书里面讲的那些圣人的境界，是说给我们听听的，不可能达到。不相信自己本有如来的智慧德相，本有明德真心，不相信"人之初，性本善"，他不相信这个。所以认为自己是永远达不到的，于是自甘堕落，不能够勉励去奉行，这是一个通病。知识分子是谈儒学的，谈到儒学，他能讲得头头是道，但是你要让他去做圣人，他就摇头。这些可以作为写论文的论题，但是如果用来让我们去做圣人，他没有信心。

要知道这些圣人之心，我们人人皆有。孟子讲，"人皆可以为尧舜"，每个人都能像尧、像舜一样成为圣贤。佛告诉我们，"人皆有佛性，皆当做佛"，都可以做！怎么做圣、做佛？孟子有一句话讲，"大人者，不失其赤子之心也"。大人就是圣人、伟大的人。大人他为什么能够成为大人？就是因为他不失其赤子之心。赤子就是孩子，小孩，婴儿。多大的婴儿？二三个月的婴儿。他们没有分别、执著。你看小孩子，你逗他，你给他吃糖，他给你笑笑；你给他吃不好的东西，他也给你笑笑，他并没有分别、执著。他对父母那种依恋完全是纯真的，这都是天真之性，自然的流露。如果我们能不分别、不执著、不思虑，这样的天真之性就能维持下来，不受外界所染污，那么就叫作大人，那么成圣成贤就很容易。

在佛门里面，有一种菩萨行叫婴儿行，学婴儿。学婴儿，就是学他的不分别、不执著，保持这种纯真本性，一般凡人做不到。年纪大了，随着自己年龄的增长，所谓阅历增多，知识多了，欲望也跟着多了，贪嗔痴慢的习气也多了，唯利是图的想法、自私自利的想法多了。就像我们说的，这就俗气了，真的成为一个俗人了。原本的真性就丧失掉了，明德就没有了。其实说丧失也不是真丧失, 它还在, 只是它被这些物欲所蒙蔽了, 被这种俗气、这种违理情想给蒙蔽了。只要我们 "格物致知" 把它们去除干净, 还是跟原来一样, 真心能够现前。好! 印祖下面给我们开示:

【若告以过去现在未来三世因果, 或善或恶, 各有其报。】

一般的人, 小孩出生了, 可以看到他有如来的那种天真的本性。他不分别、不执著, 年龄大了, 他就被污染了。现在要从这些污染里回头, 这是非常难做的事情。虽然那么难, 还是有办法。用什么办法最好? 用因果教育。让他明白过去、现在、未来三世因果, 知道善有善报, 恶有恶报, 种瓜得瓜, 种豆得豆。那么他如果真正地通达明了因果报应的事实真相, 他就不敢造恶业, 他就自然想做善业得善报, 慢慢地就回归到本善来。

这一段经文是对于中下根人讲的, 他虽然不是很能理解心性的真意, 但是可以教育他、启发他, 让他明白 "过去、现在、未来" 的 "三世因果"。他能够知因, 知道修因而得到美好的果报。所谓善有善报, 恶有恶报。因为畏惧恶果, 因而去修善因, 这样也能够帮助他达到格物的效果。我们说过格物就是放下自己的物欲, 跟自己的七情六欲、违理情想格斗, 这样才能够最终达到明其明德, 佛法里讲的明心见性, 所以深信因果这一条是基础。过去、现在、未来三世, 这个因果可以说分为三种。所以我们这一生造的因, 可能是现世就有报, 所谓现因现果, 也可能是来生得果报, 也有可能是来生不得果报的, 多生多劫以后才有后生报。

所以修的因哪怕再小都会有果报。只要因缘具足，缘就是条件，条件具足了、成熟了，因就能够成果。我们举几个例子来说明这三种因果的例子。

历史上记载着这样的例子，很多都是正史上的，譬如《资治通鉴》上面记载，宋朝开国的时候有一位将领叫曹翰，他们正在攻打前朝的一个城池。前朝是南唐李后主李煜，他是皇帝，他已经投降了，剩下有一个城池还在坚守，这个将领就是不投降。宋将曹翰就把这城围起来，足足攻了四个月才把这个城池攻下来。结果进了城以后，这个曹翰非常地愤怒，一怒之下就下令屠城，就把城里的这些官民、军民统统杀死。这一下把整个城池变得血流成河，这个罪业造得重，杀害了很多无辜的百姓。结果曹翰自己的子孙后来都变成乞丐了，这就是现报。

还有后生报的，我们造的因，也许要多生多劫才会遇到缘，才得以报。在佛经里记录的故事有很多，我们讲一个公案。释迦牟尼佛当年成佛以后，他也回过自己的家族——释迦族那里讲经说法。释迦族的人特别给佛打造了一个宝座，供养佛。有一次，琉璃王，这是邻国的国君，他是舍卫国的国王。有一次在琉璃王八岁还没有当国王的时候，就曾经到释迦族去拜访，因为这个琉璃王跟释迦族（就是释迦牟尼佛的母亲那个族）有亲缘的关系。从前，琉璃王的父亲想要跟释迦族联姻。结果释迦族就把一个婢女嫁了过去，当时就是先把这个婢女认成自己的女儿，然后以公主的典礼把她嫁了过去。这个事情释迦族的人都知道。这个婢女嫁过去以后，就生了琉璃王。琉璃王当太子的时候，来拜访释迦族，因为他也不太懂事，看见释迦牟尼佛讲经说法的宝座，就一屁股坐了上去。释迦族的子弟们看到了很生气，就把他抓下来打了一顿，而且边打还边骂他，骂他是婢女生的孩子。因为印度的等级制度很严格，婢女属于下贱的等级，所以她生出来的小孩也都属于下贱人。释迦族的子弟极端地羞辱了琉璃太子，使琉璃太子非常难堪，怀恨在心，发誓一定要雪耻、报仇。

后来他登上了王位，就积极地养精蓄锐，强大自己的军力，准备带兵去打释迦族。佛知道了，就在路上一棵枯树底下等候琉璃王的军队，琉璃王见到佛以后，被佛感动，于是就退了兵。结果回去之后没多久，他还是觉得愤愤不平，一定要雪耻，发誓要把释迦族的人都斩尽杀绝，才能雪恨，于是再次带兵出发。佛看了没办法，知道这是定业难逃。后来琉璃王就开始攻打释迦族，释迦族被打败了，结果琉璃王进了城以后就开始屠城，把释迦族的人全部斩尽杀绝，连那些宫女都难逃性命，很多宫女手臂都被砍掉，然后被活埋。当时佛的弟子很多都有神通，知道琉璃王的进犯将会使释迦族面临一场毁灭性的灾难，都劝佛赶快救救他们。佛当时正好是头痛，他头痛了三天，他也不理会这个事情。其中佛的弟子，有一个叫大目犍连的尊者，神通第一。他看见情势紧张，为了救释迦族，就赶紧利用神通力，把释迦族的五百人装到了他的钵里面，然后送到了天上，希望能够让他们安全活下来。这场浩劫之后，琉璃王得胜了，他就班师回朝，也不占领这个土地，就回去了。

很多弟子就对佛这种置之不理的态度不太理解，就来问佛，佛就告诉大家，这是属于两个族之间的业力。在很久很久，多生多劫以前，释迦族是一个村庄里的村民。有一年，他们村里闹灾害，粮食没有收成，于是就把村旁边一个大湖里的鱼，统统都抓起来吃。那些鱼、虾统统没放过，全部捞起来了。这池塘里面有一条鱼王，很大的鱼王，大家一起分着吃，全村只有一个人没吃，是个三岁的小孩子。这个小孩子虽然没有吃鱼，但是看见这个鱼王，觉得好玩，于是在这个鱼脑袋上面咚、咚、咚敲了三下，就是这么一个因缘。多生多劫以后，这些村民由于共业，大家都转生成了释迦族的成员，而那个池塘里的鱼就转生成了琉璃王的军队，那个鱼王是谁？就是琉璃王，那个小孩是谁？就是释迦牟尼佛。所以琉璃王是来讨债的，把这个命债讨回来。只有这个小孩没有吃鱼，所以他不受这个共业。这是我们平常说的共业里面还有别业，一般里还有个别。但是他当时敲了鱼脑袋三下，佛的头就痛了三天。这个时候，目犍连想起钵里面还有释迦族的五百人，看看他们怎么样了，就从天上把钵拿下来了。一看，这钵里的人都变成了一摊血水，真的谁都逃不了。

从这个公案我们看到，真的是"假使百千劫，所作业不亡，因缘会遇时，果报还自受"，谁都逃不了因缘果报。连成佛了，成了佛等因缘会遇的时候，还是逃不了，避免不了的。当然这是佛的示现，佛绝对示现的是不昧因果，让这个因果非常清楚地示现在我们的面前。所以当我们明白这个道理，我们的心就踏实了，样样事都免不了因缘果报。所以如果真的有人来讨债，就欢欢喜喜地还债，心里总保持着清净、真诚，那我们才能得自在。在因缘果报当中，我们能够得到清净、平等、觉。请看下文：

> **【则必畏恶果而断恶因修善因而冀善果。善恶不出身口意三。既知因果，自可防护身口，洗心涤虑。虽在暗室屋漏之中，常如面对帝天，不敢稍萌匪鄙之心，以自干罪戾也已。】**

从这段文字我们看到，修道的先决条件就是深信因果。因为畏惧恶那就得断恶因，为了得到善果，希望有善果就要修善因，所以要断恶修善。善恶都不出身口意三业的造作。《佛说十善业道经》里告诉我们，身有三种恶因要断除，所谓杀生、偷盗、邪淫；口的恶业有四种，妄语、恶口、两舌、绮语；意的恶业有三种，贪、嗔、痴。这些都要断除。既然知道了因果，知道哪怕点滴那么小的因，哪怕是一个念头都是有因果的。"自可防护身口，洗心涤虑"，这就是讲身口意三业都能够加以防护，而不使生恶。哪怕是"在暗室屋漏之中"，一个人在的时候，没人知晓，但是都如同面对上帝、面对天神，不敢有一点点的"匪鄙之心"。什么叫"匪鄙之心"？这个"匪"，和是非的"非"是一样的意思。"鄙"是丑陋。换句话说，就是不敢稍有丑恶的念头，不敢造恶事。"以自干罪戾也已"，这个"干"就是干犯，"戾"就是罪过，不敢冒犯皇天，不敢造作罪过。这是说明深信因果的人，他自然就会在身口意上防范，所以他就能够成就。

> **【此大觉世尊普令一切上中下根，致知诚意正心修身之大**

法也。】

"大觉世尊"就是佛菩萨，就是佛，这是大圣。他是大觉，觉什么？觉悟宇宙人生的真相，所谓"自觉觉他，觉行圆满"。佛教导众生不离因果。他"普令一切上中下根"，你看他教导众生的对象，上中下三根都统统包括。上根的人，我们说的上根利智，他智慧很高，灵性很高，理解力强，所以他对心性能够明了，这种人绝对相信因果，一点都不怀疑。中下根的人，他的信心就不会那么坚固，比上根人要差，对于心性的了解并不透彻。但是释迦牟尼佛对他们一视同仁，你看中下根的人固然要用因果教育，上根人也同样要接受因果教育，这是"致知诚意正心修身之大法也"。致知就是觉照、看破。看破之后能够念念都防范恶念，这样意才能够真诚。意念真诚了，他起心动念就正，正心了，身体造作也正了，就是修身。所以，可以见得深信因果、断恶修善，是修行一切法门的大根大本。

【然狂者畏其拘束，谓为着相。愚者防己愧怍，为谓渺茫。除此二种人，有谁不信受。】

这里讲两种人不信因果。一种是什么？狂慧之人，他看的经论很多。一些佛学家就认为这些戒律，这些儒家的礼很拘束人，那些生活方式都是古人的，何必拿来约束我们现在人？而且还说拘于这些戒律，这不是着相了吗？你看他不了解，如果破了戒、如果是违礼，那么因果是丝毫不爽的。"愚者防己愧怍"，愚钝的人，他们对于心性固然不了解，而且可能亏心事也做了，所以提起这些戒律，他们都觉得难以奉行、难以守住，这是他们在护短，所以就觉得成圣成贤很渺茫。所以这两种人没办法接受因果，所以不持戒。

要知道佛教以戒为本！他们这两种人怎么做，其实跟我们无关，关键是我们自己要好好地深信因果，持戒守礼，断恶修善，这样我们自己才得利益。佛教导众生的，我们要觉得就是佛给我讲的，这样就叫直下承当。所以佛讲的戒律就是给我讲的，我要遵守，别人做不做，别人造恶、破戒是别人的事情，跟我毫无关系，心里不要想着去看别人的缺点。所以这里讲除了这两种人，不是狂就是愚，除此之外"有谁不信受"？有谁不信因果？换句话说，不信因果的非狂即愚，果报当然一定都是恶道。

【故梦东云：善谈心性者，必不弃离于因果；而深信因果者，终必大明夫心性。此理势所必然也。】

梦东禅师，他又叫彻悟禅师。净土宗的同修都了解，他是净土宗的十二祖，这位是在禅宗里明心见性后转修净土法门。印光大师在这个序文里面引用梦东（彻悟禅师）祖师的这句话，"善谈心性者，必不弃离于因果"。这是讲上根之人他善于谈心性，对于心性他能明白，真正明白的人绝对不会弃离于因果。"而深信因果者，终必大明夫心性"，对于中下根人，他们只要能够深信因果, 断恶修善, 老老实实去修行, 最终也能够明心见性、大彻大悟。所以这两句话确实是讲得非常的精彩。要知道心性和因果, 它不是二, 它是一体的。真心里面一法不立, 本来无一物, 所以真心里面也没有因果。但是因果是心性的相, 是心性的用, 当真心起作用的时候, 它能现、能变, 所以说因果也是心性之所现。

我们看到十方三世一切的事相, 一切宇宙人生的现象, 从哪里出来的? 都是从我们一念心中所变现出来的, 而这一念心, 它的体就是心性, 所变现出来的这些现象都是因果, 无一不是因果。小者微尘, 大者世界, 统统都是无量的因果。哪一法不是因果? 哪一法离开了心性? 真正了解这个道理, 才知道原来心性与因果不二。心性是体, 因果是体之相和用。心性不容易见到, 见到了心性就叫明心见性, 那就成佛了。但是因果容易见到, 所以我们要从因果里面来看心性, 知道一切因果、一切的事相都是以心性为体, 这样我们最终是能够明心见性的。《楞严经》讲, "诸法所生, 唯心所现, 世界微尘, 一切因果, 因心成体。"所以不可以把心性和因果分为二, 否则那就错了。

你看看修学净土法门的, 我们知道极乐世界是什么? 它是法性土, 这是心性的极致。但是它怎么来的? 极乐世界是果, 那是阿弥陀佛在因地里无量劫的修行成就的, 它也不离因果。要求生净土的人, 念这句佛号, 真正以至诚心, 深信切愿求生净土, 这是修因。果必定是往生极乐世界, 必定成佛。所以往生净土也不离因果。往生到极乐世界了, 见到阿弥陀佛了, "但得见弥陀, 何愁不开悟", 所以自然能够"大明夫心性"。因此菩萨懂这个道理，他起一个念头都想到这念头是有因果的，起心动念处都不昧因果。

真正明了通达这个事理的人，他的生活境界就自在了，因为他知道十法界的依正庄严无非因果。譬如说六道里，天道的因是四无量心（慈、悲、喜、舍）、五戒十善，人道也是持五戒十善，畜生道是痴，饿鬼道是贪，地狱道是嗔，都是这些因招感的果报。你要想到哪一个道，你就修哪个因果，就自然感应入那个法界了。所以你就能得自在，这叫作改造命运。袁了凡这篇家训就是教导我们如何改造命运，而改造命运，袁了凡他做到了。袁了凡是中下根人，他都能做到。我们学佛了，明白这些道理，做得应该比他更彻底，果报要比他更殊胜才对。请看下文：

【须知从凡夫地乃至圆证佛果，悉不出因果之外。有不信因果者，皆自弃其善因善果，而常造恶因，常受恶果，经尘点劫，轮转恶道，末由出离之流也，哀哉！】

祖师为我们点出来"从凡夫地乃至圆证佛果"，修行从初到终都不出因果之外，都是按照因果而行。换句话说，修十善业是修证一切佛法的根本，深信因果、断恶修善就是基础。不信因果的人，他认为自己不受因果的控制，他自然就会"弃其善因善果，而常造恶因"。这种人，因为他不信因果，当然他就敢造恶业，为所欲为。造恶业的还是要受因果报应，不是说你不信了就没有，不信还是有。他不信，他不肯回头，不肯断恶修善，那么他的果报就是"经尘点劫，轮转恶道"。"尘点劫"，这可是漫长的时间。一劫有多长时间？一个小劫有一千六百八十万年，这是一小劫，一个中劫有二十小劫，一个大劫有四个中劫。这尘点劫，那是不知多少大劫了，真是无量劫来轮转恶道。在地狱、饿鬼、畜生三恶道里面受生，没办法出离，没有机会，真是可悲可痛。想想我们其实也都是这样的，到今生这么幸运，了解了佛法，我们这一生到此为止，不能再搞六道轮回了，一定要专心念佛，求生净土。

【圣贤千言万语，无非欲人返省克念，俾吾心本具之明德，不致埋没，亲得受用耳。】

这里所说的圣贤，包括世出世间的圣贤，儒家、道家、佛家，他们的教诲无非都是令人"返省克念"。返省就是慧，是观照，克念是克服自己的妄念，是定。所以返省克念就是致知格物。用看破、放下的功夫"俾吾心本具之明德"。人人皆有明德，这"明德"也叫性德，佛法里面叫性德，人人本来具有。现在没有办法显发，就是因为这些妄念，这些七情六欲，把它埋没了。我们能够"返省克念"，就是让我们的明德不至埋没，就能够彰显出来。彰显出来之后就能"亲得受用"。"亲"是亲自，我自己得到了佛菩萨的受用。这种受用是指法身、般若、解脱，你证得法身了，就有无量的智慧、无量的神通，得大自在。

【但人由不知因果，每每肆意纵情。纵毕生读之，亦止学

其词章，不以希圣希贤为事，因兹当面错过。】

这几句话值得我们学佛的同修提起高度的警惕。我们往往学佛好多年，可能因果还不能完全相信。为什么？还造恶。还造恶，不肯修善，这说明还不知因果，所以不得受用。"每每肆意纵情"，这是放肆，让自己的意念放肆，放纵自己的情欲，这是造恶。虽然"毕生读之"，我们学习圣贤教诲，学佛几十年，终身学佛，学到最后连因果都不相信，没有基础。所以最后"止学其词章"，充其量称你为佛学家，你有很多佛法的知识，这些知识仅是皮毛而已，没能够真实得到圣贤的受用。所以他"不以希圣希贤为事"，他立志不是真正想成圣贤、作佛菩萨，他是搞儒学的、佛学的，不是真正在学儒、学佛。所以对着圣贤的教诲也是"当面错过"。很可惜，遇到了圣教，不能够这一生成就，来世不一定遇到佛法，那是很令人悲哀的。

【袁了凡先生训子四篇，文理俱畅，豁人心目，读之自有欣欣向荣，亟欲取法之势。】

印祖对袁了凡的"训子四篇"极力地赞叹，说它是"文理俱畅，豁人心目"。这是指它的理、它的文字都非常畅达，能够启发人开悟，"豁人心目"就是让人开悟。读这四篇文章确实"有欣欣向荣，亟欲取法之势"，欣欣向荣是比喻植物向着太阳。他这是比喻人读了这本书以后，自然生起断恶修善之心，想要取法了凡先生改造命运。所以了凡先生他能做到，为什么我不能做到？我们应该很好地勤勉努力，不仅要做到，而且要超过他。这一生不仅能够改造命运，重建美满的人生，而且真正做到成圣成贤，命终往生极乐世界，做佛去。

【洵淑世良谟也。】

这个"洵"就是诚然。实实在在讲，《了凡四训》它是一部难得的善书。"淑世"，"淑"就是善良、善，就是能够改善世道人心的。《了凡四训》是非常好的一篇教训。所以印祖在生前，极力地倡印这本书，让它做为我们学佛的根本。

【永嘉周群铮居士，发愿流通，祈予为序。】

这里说的是写这篇序文的因缘，是因为永嘉（就是现在的温州）有位周群铮居士，他发愿要流通这本《了凡四训》。这是修真实的功德，启发人觉悟，他祈请印光老法师给他写一篇序文。

【因撮取圣贤克己复礼闲邪存诚之意，以塞其责云。】

这句话是祖师谦虚的话。他是说自己写的这篇序文，只是随便找一些圣贤的话来完成这个责任。实际上，这篇序文写得非常好。他可以说是把整个《了凡四训》深奥的义理加以提炼，加以升华，是点睛之笔。这里"撮取"就是仅举些大要，印光大师这里所讲的圣贤之道完全都是精华。"克己复礼，闲邪存诚"，这些都是圣贤教导我们的。"克己复礼"就是克服自己的习气，而回复礼义。

《三字经》开始就说，"人之初，性本善，性相近，习相远。"人本来都有本善之心，正如世尊所说的"一切众生皆有如来智慧德相"。为什么现在这些智慧德相、本善不能显发？这是因为有习气，佛讲的是妄想、执著，要把这些克服。最初的要克服十六个字，自私自利、名闻利养、五欲六尘、贪嗔痴慢。把这些克除掉，这样才能让自己的本性本善显发。这个"礼"本身讲的就是性德，所以他用"复礼"，复是恢复的意思，说明你本来就有，性德本来具足。礼是代表性德，现在不能显发，就是因为自己的烦恼习气。让它显发那要怎么办？把烦恼习气克服干净就行了。"克己"的下手处就是《弟子规》，所以要把《弟子规》做到，你就是复礼了。

除了《弟子规》以外，三家的根都要扎。儒家的《弟子规》，道家的《太上感应篇》，佛家的《佛说十善业道经》，这些统统都要做到，那么你的性德自然就能显著、显发。"闲邪存诚"，道理是一样的。"闲"是防止。防止什么？邪思、邪念。当我们的意念里面有一点邪思邪知邪见、七情六欲，我们都要把它去掉，不要让它生起。"闲邪"之后，自然就"存诚"，我们的意念就真诚了。这个诚绝对是得到清净心，妄念不生。所以闲邪和存诚这个功夫是一体的两面，闲邪必然存诚，存诚必然闲邪。

这就是印祖为我们所开示的成圣成贤之道。我们学习之后，最关键的是要落实，《了凡四训》要常常念，来对照自己的心性，以达到改造命运、成圣成贤。今天的时间到了，我们就讲到此地。讲解过程中有不妥之处，请各位大德多多指正。

谢谢大家!

后　记

《了凡四训》，不仅文辞工丽，而且内涵丰富，读来脍炙人口，启迪人生。自成文以来，即被各界人士广为传诵，四百年来历久不衰。

立身处世　劝化人心

本文虽然篇幅短小，却是字字珠玑。细细研读，几乎句句都在检点我们的毛病习气，实在是我辈学人待人处世，立命修身，乃至了结凡心，成就圣贤之道的绝佳教材。

《了凡四训》又名《命自我立》，是中国明朝袁了凡先生，结合了自己亲身的经历和毕生学问与修养，为了教育自己的子孙而作的家训。

了凡先生在早期验证了命数的准确性，后来进一步通晓了命数的由来，知道人可以掌握自己的未来，改造自己的命运；难得的是，他在下半生，又验证了人完全可以自我"立命"，自求多福。在他智慧的人生经验中，不仅仅是知命安命，更可贵的是教诫我们自强不息，通过修身积德，改造命运，给后世子孙留下积极有益的

"立命之学"。

总之,《了凡四训》确确实实是人生在世之至理名言,同时也是匡治目前社会风气败坏之最佳良法。凡欲改变命运,化凶为吉者,不可不读此书;凡欲求功名富贵,寿命增长者,不可不读此书;凡欲转病为健,转夭为寿,转穷为达,转罪为福,转凡为圣者,皆不可不读此书。

但愿一得此书,即当悉心持诵,若能坚立大愿,由解起行,则自己的命运可改,家庭的命运可改,甚至国家社会的命运亦可随之改善,愿有志者共勉之!

有识之士　备加推崇

二十世纪七十年代英国一位大历史学家和哲学家汤恩比教授所说:要解决二十一世纪的社会问题,只有孔孟学说和大乘佛法。

进入了二十一世纪后,集孔孟仁民爱物与佛门立德修善于一身的《了凡四训》,越来越得到海内外各界有识之士的推重,不仅是中华传统文化复兴的讯息,也是人类历史发展回溯源头的必然。

这篇中国家训曾经对明治时期的日本青少年,产生过巨大影响。当时著名汉学家、阳明学大师安冈正笃先生,对《了凡四训》,推崇备至,甚至视为"治国宝典",他不仅建议日本天皇熟读、细读、精读,还呼吁凡有志执政者,应详加研究。迄今为止,一百多年了，仍然深深教化着日本政经界的高层精英人士。

《了凡四训》从格物致知、修身齐家、改过积善到成圣成贤，融汇了儒佛道三家的学问，所以本书虽然以儒家读本的形式出现，但是深受一些佛门大德的尊崇。

民国初年的印光大师，一生对这本书极力提倡。他的弘化社，印送这本书约在百万册以上，不仅如此，而且还教我们研究、实行、讲说、力行，可见，印祖对这部书的重视，他还专门为《了凡四训》写了一篇序文，加深了这篇家训的义理内涵，把原文从儒学的高度，提升到佛法的高度，以圣贤的水准，为我辈学人，高屋建瓴地指出学习《了凡四训》，重要的是"闲邪"、"存诚"，即止恶，守善。

当代一位举世公认的佛学大德说：想兴建高楼大厦，找到了土地才有可能。《了凡四训》就是修学大乘佛法的土地，他甚至强调《了凡四训》是佛法修学的一些纲领，明确提出这本书虽然不是佛经，但是要把它当作佛经一样尊重。

最近，又有儒家经典推广者，王财贵博士推崇本书为经典教材。他说：若能教导儿童熟读，直到背诵，则终身将有受用不尽之功。……儿童读经，若于经典之外加读此书，不仅背诵更为容易，且与其他经典相辅相成融会贯通之效，又不言而可喻矣。

所以，《了凡四训》这本书，是儒家讲的安身立命的根本，也是经过祖师的证明提倡的佛学基础。因为佛门有云：诸恶莫作，众善奉行，自净其意，是诸佛教。

我们目前可以看到《了凡四训》古文读诵本、白话解释等各类书籍；电影、电视版；讲解视频网络版；还有专门的弘法会以及专修网站……各种学习了凡的方式层出不穷。相信了凡先生有知，也会感到欣慰。

现在钟博士《〈了凡四训〉精读》也马上正版发行，以飨海内外各界的朋友们。

可见，本书实在是一本立身处世，积功累行，劝化世道人心，和谐世界的不可多得的好书。

深信因果　了凡成圣

了凡，顾名思义，"了"是明白，也是完结的意思；"凡"，就是普通、平常的意思。"了凡"，即是所谓"此前种种譬如昨日死，从后种种譬如今日生"。

《了凡四训》微言大义，讲述了主人公转夭为寿、转穷为达、转凡为圣的经历。我们静心体会，通篇字字句句，讲的全是实实在在的因缘果报。

《了凡四训》由立命之学、改过之法、积善之方、谦德之效四个部分组成，其中改过、修善的实例占了很大篇幅。

通过这些改过迁善的实例，我们可以深刻体悟因果的道理。袁了凡先生之所以能够了凡、成就圣贤之道的结果，是因为他真心改过，即真正放下、了结了自己以往的习气、过恶之后，坚持不懈地积德行善，最终成就了义理再生之身，成就了圣贤之道。

尤其了凡先生讲到几个史料可考的案例，让我们对因果更是毋庸置疑。

当年孔老夫子外公将要嫁女的时候，考证夫子的家族祖宗积德已久，逆知其子孙必有兴者；又用大舜的至孝例子，众所周知舜帝的果报是"德为圣人，尊为天子，富有四海之内，宗庙飨之，子孙保之"，所谓"即如生子，有百世之德者，定有百世子孙保之；有十世之德者，定有十世子孙保之；有三世二世之德者，定有三世二世子孙保之；其斩焉无后者，德至薄也"。也如《易经》所曰：积善之家，必有余庆。这实在是因果之至论。

一谈到因果，有人就认为是佛家的思想，那是因为不明"因果"而产生的误会。"理同出于一原，道并行而不悖"，其实传统文化儒释道三家，讲的都是因果，不管我们承认与否，我们每天生活在因果轮回当中，每一个言语、动作、心念都在为下一个结果种因。

印光大师说，世出世间的理，不出心性两个字，世出世间之事，不外乎因果两字，理是心性，事是因果。大师当年在世，也是一生不遗余力提倡因果教育。

清初著名居士周安士说：人人信因果，天下大治之道也，人人不信因果，天下大乱之道也。人唯有深信因果，深明因果，才有所畏惧，而不敢作恶，因果教育，关系到整个社会，整个世界的安危，是宇清、国安、家和、人乐的关键，这是历代祖师大德强调因果教育的一片慈悲之心。

精心安排　应病与药

钟茂森博士为了大家深受法益，特别把印祖的序文放到本书的最后讲解。

大家经过十几个小时的学习，对《了凡四训》有了完整的概念后，再来学习印祖的序文，味道就更浓，对其中的义理领悟的也会更加深刻，印祖所讲重在两点：闲邪，存诚。

闲是防止，防止什么？邪思邪念。是我们的意念里面有不利于学业、事业、家业、乃至于道业的那些邪思邪知邪见、七情六欲，我们都要格物致知，把它去掉，不要让它生起；闲邪之后自然就存诚，这个诚就是意念真诚，就是不生妄念，得到了清净心。闲邪必然存诚，存诚必然闲邪。所以闲邪和存诚这个功夫是一体的两面，这就是印祖为我们所开示的成圣成贤之道。

钟博士自己就是一个闲邪存诚的光辉典范。当年在美国留学，因为要以优秀的成绩，供养父母，而且向母亲发了誓，把孝顺放在第一位，把事业放在第二位，钟博士为了赶紧完成学业来报答父母，他自己给自己规定一个戒律，叫作"七不"。第一，不看电影；第二，不逛商场；第三，不留长头发；第四，不穿奇装异服；第五，不乱花线；第六，不乱交朋友玩乐；第七，不谈恋爱。所以用心专精，每日安住在清净的学习生活里面，自然学习成绩非常优秀，四年就完成了硕士和博士的学业，被美国导师誉为几十年来最优秀的学生。

因为当年所发的愿心真切，钟博士不仅学业顺利，事业有成，成就了现代优秀学子的风范，几年来在弘扬传统文化的大道中，更是享誉海内外，尤其难能可贵的是，钟博士如今仍然坚守着"七不"，继续为我们上演着"闲邪存诚"、成圣成贤的人生大戏。

钟博士还针对当今单亲家庭较多，应病与药，特别讲到了凡先生童年父亲就过世了，属于单亲子女，虽然家庭不幸，了凡先生照样做了君子做了圣贤。又列举到孔老夫子、孟夫子、范仲淹幼年丧父，释迦牟尼佛一出生母亲就过世了，他们都真心切愿、精进不懈，最后成为泽被后世的圣贤人物。这不仅是讲法如如，更体现出博士念念的慈悲之心。"天行健，君子以自强不息"，只要真正认真学习和实践圣贤的教诲，即使环境不好，也同样可以成圣成贤。

其实，钟博士本身，何尝不是自强不息的硕果，他本身的成长就是最好的证明。

由于孝亲尊师、持戒有定、精进不止，一路走来，从普通儿童，到学业、事业有成，到如今放下名利、修道立德、自利利他，几年来在录影棚讲解超过1200多个小时的经典，博士圆融儒释道三家之学，以普利群生之宏愿，正在逐渐了凡、走向圣贤之域。

学问涵养　谦德之光

儒家礼乐道德和佛门戒律仪规其实是一不是二。孔夫子为什么多礼？释迦牟尼佛为什么多礼？这是教我们一切恭敬。

我们为什么要一切恭敬？了凡先生谆谆告诫我们，改过积善之后，心存礼敬，自有谦德效验，这样才会保持所积功行。所谓谦者受教有地，结果必然取善无穷。

《了凡四训》有理论，有方法，有了凡先生的信解行证，是一部改造命运、昭示因果的教科书。最后鉴于一般初学行善的人难免会犯有"众人独浊，而我独清；众人皆醉，唯我独醒"之志得意满与藐视一切的骄傲作风。所以了凡先生在末篇特别提出"谦德之效"，叮咛"满招损，谦受益"的道理。人若能谦虚为怀，则行善惟恐不足，如此方能使积善落实，以致达到改善命运的目的。

所以，立命、改过、积善所修功行，惟有谦德能保持。在谦敬当中，周围的人才能真正体会到智慧光明，圣贤风范。

结　语

了凡先生，这位躬行有德的善人君子，把他人生了悟到的因果经验，真诚恳切地和盘托给儿孙，我们后世子孙何忍辜负？

《〈了凡四训〉精读》，是钟茂森博士学成圣贤的心得报告，是圣贤心境的传递，更是他个人道德学问的真实呈现。博士十六个小时殷殷的讲解，让我们明白行善修德之真心，需要坚勇长远，尤其是最后对印祖序文四个小时的开解，让我们深刻体会几家圣教乃不二之实学，然终究要知行合一，格物致知，勉力成就。

纵观当今之世，复兴传统文化，提倡因果教育，光大伦理道德，和谐社会人心，乃至成圣成贤，从《了凡四训》做起，从立命、改过、积善、圆满谦德做起，从我做起。

——编者谨呈